BRUNO MUGNAI

VOLUNTARIOS EXTRANJEROS Y BRIGADAS INTERNACIONALES DE LA GUERRA CIVIL (1936-39)

FOREIGN VOLUNTEERS & INTERNATIONAL BRIGADES IN SPAIN (1936-39)

SOLDIERS&WEAPONS 006

SOLDIERSHOP PUBLISHING

NOTA SOBRE EL AUTOR

Bruno Mugnai nació en Florencia en 1962 y vive allí con Silvia, Chiara y Eugenio. Apasionado por la historia militar desde muy joven, ha publicado dos libros sobre el Ejército Otomano de 1645 a 1718. Es también autor de ensayos sobre la campaña italiana de la Guerra de Sucesión Española y de artículos de uniformidad e historia militar de los siglos XVII y XVIII. Más recientemente, ha tratado la historia militar de la Toscana durante las campañas revolucionarias francesas, la era napoleónica y la de preunificación. Ha publicado también una monografía sobre las instituciones militares del Ejército Italiano del estado de Lucca en el siglo XIX para la Oficina Histórica del Ejército Italiano y ha completado para la misma editorial una contribución similar sobre el ejército del gran ducado de Toscana de 1737 a 1799. Con Luca Cristini ha colaborado en las ilustraciones de los dos volúmenes dedicados a la Guerra de los 30 Años y a la realización del título de la serie de Soldierhop *L'Esercito Imperiale al tempo del principe Eugenio di Savoia*.

NOTA EDITORIAL

Una gran parte de las imágenes de nuestros libros, publicaciones e impresiones, en el caso de no formar parte de nuestras creaciones inéditas, está tomada de copias de primeras ediciones o de libros que desde hace tiempo no presentan restricciones por derechos de autor y, por lo tanto, se encuentran en dominio público. Somos una editorial especializada y por lo tanto tenemos, o hemos tenido, la disponibilidad de numerosos libros antiguos y antiguos y textos cuyos derechos de autor ya han expirado. Varias imágenes, además, son el resultado de nuestra completa reelaboración gráfica, realizada por artistas expertos en ilustración militar. En consecuencia, todas las imágenes y textos de nuestros libros, en cualquier formato (papel, electrónico u otro), son propiedad de Soldiershop.com. Los derechos de traducción, reproducción, o copia por cualquier medio, digital, fotográfico, fotocopia, etc. están reservados a todos los países. Ninguna de las imágenes en nuestros libros puede reproducirse sin el permiso por escrito de Soldiershop.com. Informamos amablemente a los lectores interesados que una buena parte de los trabajos originales producidos por nuestros artistas están disponibles para la venta a particulares. Sin embargo, observamos que también en tales casos los derechos de reproducción siguen siendo propiedad de Soldiershop.com.

SOLDIERS & WEAPONS

Es la principal y más importante de todas nuestras series, dedicada a la historia militar, a los uniformes y las armas de los ejércitos involucrados en las grandes guerras del pasado. Creado por un equipo de historiadores e ilustradores reconocidos, consta de libros de aproximadamente 70 páginas cada uno, con decenas de excelentes ilustraciones a color. La colección se caracteriza por una línea horizontal azul marino en su portada.

PUBLISHING'S NOTES

None of unpublished images or text of our book may be reproduced in any format without the expressed written permission of Soldiershop. com when not indicate as marked with license creative commons 3.0 or 4.0. Soldiershop Publishing has made every reasonable effort to locate, contact and acknowledge rights holders and to correctly apply terms and conditions to Content. In the event that any Content infringes your rights or the rights of any third parties, or Content is not properly identified or acknowledged we would like to hear from you so we may make any necessary alterations. In this event contact: info@soldiershop.com. Our trademark: Soldiershop Publishing ©, The names of our series & brand: Museum book, Bookmoon, Soldiers&Weapons, Battlefield, War in colour, Historical Biographies, Darwin's view, Fabula, Altrastoria, Italia Storica Ebook, Witness To History, Soldiers, Weapons & Uniforms, Storia etc. are herein © by Soldiershop.com.

LICENSES COMMONS

This book may utilize part of material marked with license creative commons 3.0 or 4.0 (CC BY 4.0), (CC BY-ND 4.0), (CC BY-SA 4.0) or (CC0 1.0). Or derived from publication 70 years old or more and recolored from us. We give appropriate attribution credit and indicate if change were made in the acknowledgements field.

All our books utilize only fonts licensed under the SIL Open Font License or other free use license.

ISBN: 9788893273282 1.ª Edición en español: 2018

Título: Voluntarios extranjeros y Brigadas Internacionales de la Guerra Civil (1936-39) de Bruno Mugnai

Editor: Soldiershop Publishing. Photo coloration: Luca S. Cristini, Anna Cristini y Joel Bellviure.
Traducción de Joel Bellviure

En cubierta: Voluntarios de las Brigadas Internacionales (diseño del autor). Mapa diseñado por J.Bellviure

INTRODUCCIÓN

A finales de los años setenta, se llegó a calcular que se habían publicado al menos 20.000 libros sobre la Guerra Civil Española y, de estos, alrededor de un centenar trataban sobre voluntarios internacionales. Veinte años después, Andy Durgan, en su ensayo *Freedom fighters or Comintern army? The International Brigades in Spain*, duplicó estas cifras, una señal de que el debate no había concluido y que aún se estaban escribiendo obras mediante la integración de precedentes y la suma de nuevos datos gracias a la investigación llevada a cabo en los archivos del Komintern o de otras organizaciones políticas. Esta contribución es, por lo tanto, parte del amplio contexto de publicaciones sobre combatientes extranjeros de la Guerra Civil, especialmente creada para comenzar a llenar un vacío aún presente, el de la historia militar de los voluntarios italianos; siendo conscientes de que ya aparecieron hace tiempo aportaciones similares, pero que han privilegiado casi siempre a las Brigadas Internacionales y que, dentro de estas, se han tratado con más frecuencia las formaciones británicas y norteamericanas, históricamente interesantes, pero de relativa consistencia numérica, cuando los voluntarios italianos llegaron a ser el tercer componente más numeroso entre los internacionales. Sin duda, no es una de las metas de este libro presentar una nueva interpretación de los eventos, pero, por otro lado, es imposible acercarse a los hechos haciendo caso omiso de las decisiones erróneas y los desaciertos cometidos dentro del bando antifascista. Setenta años después de aquellos sucesos sigue siendo complejo reconstruir de manera fiable los hechos y antecedentes que determinaron, incluso entre los voluntarios extranjeros, tragedias y laceraciones en la formación de las unidades, lo que desilusionó a muchos de los que habían venido a luchar y que, en última instancia, condujeron a la derrota de la República. Todo esto ha contribuido a que las responsabilidades no estén claras, mientras que otras veces se han manipulado algunas realidades y han sobrevivido ciertas convicciones entre los historiadores, tanto de derechas como de izquierdas. A menudo encontramos estas distorsiones cuando examinamos la historia de las unidades de voluntarios, como con la creencia de que las Brigadas Internacionales contribuyeron a la represión de anarquistas y trotskistas en Barcelona en mayo de 1937. Otro dogma que es necesario desacreditar es que los voluntarios extranjeros formaban parte tan solo de las Brigadas Internacionales, cuando este fenómeno se llevó a cabo en todo el despliegue republicano, en unidades concretas dentro de las organizaciones anarquistas, recientemente objeto de una investigación muy interesante y relevante para la comprensión adecuada de las áreas circundantes al antifascismo internacional en España. En la primera fase de la guerra, por ejemplo, actuaron en posiciones destacadas algunos de los exponentes más importantes del antifascismo italiano en el exilio, como Carlo Rosselli, Camillo Berneri, y muchos otros. Es apropiado, por lo tanto, separar la historia de las formaciones voluntarias que surgieron al comienzo de la guerra de la épica de las Brigadas Internacionales. Para el autor no debe haber sido fácil analizar las fuentes, condicionadas ideológicamente y, por lo tanto, parciales, por lo que nos parece un gran mérito no solo haber reconstruido algunos de los aspectos fundamentales de estas unidades, como su contribución efectiva a la lucha, cómo ocurrió la formación de las unidades oficiales, o en qué medida la ideología contribuyó a la disciplina de las unidades, a partir de la cual surgió el argumento de la "democracia interna" de las milicias -el ejército proletario que utilizaba métodos diferentes a los de los otros ejércitos- y, teniendo en cuenta que este último concepto, más que otros, siempre ha generado acalorados debates, es muy probable que permanezcan para siempre en el mito.

Luca Cristini

ÍNDICE:

▼ En el centro, el escritor estadounidense Ernest Hemingway, visitando el cuartel de las Brigadas Internacionales, y, a la derecha, Arnold Friedrich Vieth von Golsseneau, alias Ludwig Renn, desde noviembre de 1936, jefe de Estado Mayor de la XI Brigada, en una foto tomada a principios de 1937. Renn usa un viejo uniforme regular de oficial del Ejército Español, reemplazado a finales de 1936 por uno nuevo, que se distinguía por una guerrera de una sola botonadura con solapa abierta en el cuello y nuevas insignias de rango. A la izquierda, el director holandés Joris Ivens. (Deutsches Bundesarchiv, Allgemeiner Deut. Nachrichtendienst, 183-84600-0001).

1 - LOS VOLUNTARIOS INTERNACIONALES

"Fue en España donde mi generación aprendió que uno puede tener razón y ser vencido,
que la fuerza puede destruir el alma, y que a veces el coraje no obtiene recompensa." (Albert Camus)

INTRODUCCIÓN

Aunque han transcurrido más de sesenta años desde el final de la Guerra Civil Española, el debate histórico (y político) encuentra ve continuamente alimentado por nuevas contribuciones, especialmente después de que se abrieran a los investigadores los archivos de la antigua URSS. Gran parte de la literatura más reciente ofrece, y algunas veces niega, nuevas reconstrucciones de esos hechos, una señal de que el debate aún no ha terminado, ni en España ni en el resto del mundo. Aunque hoy no cabe duda de que el mayor número de voluntarios provino de organizaciones comunistas en todo el mundo, la contribución de aquellos que no se reconocían a sí mismos dentro de la ideología marxista-leninista, especialmente los procedentes de Italia, se hace cada vez más evidente. También hubo numerosos socialistas, anarquistas, republicanos, y miembros de otras organizaciones antifascistas, como *Giustizia e Libertà*. Según las estimaciones actuales, el número total de voluntarios italianos no adheridos a la III Internacional habría sido entre el 35% y el 40% del total. También con respecto al número total de voluntarios acudieron a España, nos enfrentamos a un tema que provocó a muchos autores, a menudo llegando a conclusiones diferentes, no tanto en relación sobre su total, sino más bien sobre su pertenencia política, enfatizando solo los datos útiles para apoyar sus tesis. Otros argumentos, a veces presentados de manera instrumental, tienden a resaltar la participación de algunas nacionalidades o grupos étnicos y luego, sobre la base de este hecho, si se establece que los franceses y alemanes representaban más de un tercio de todo el contingente internacional, es igualmente cierto que llegar a España era mucho más fácil para quienes residían en Francia y que, en cualquier caso, junto con Alemania, se trataba de países con una gran población y una tradición de lucha política consolidada. Por lo tanto, en relación con la proximidad, el número total de habitantes y la fuerza de los respectivos partidos de izquierda, el pequeño pero feroz grupo de combatientes de países como Albania o Estonia, o incluso de países muy distantes, como los relativamente escasos, pero ciertamente motivados voluntarios de Australia y Nueva Zelanda adquieren un valor muy diferente. Finalmente, si comparamos el número de voluntarios con la población de cada estado, son los cubanos quienes, por sorpresa, ganan la primacía de nacionalidad más representada. La controversia sobre las responsabilidades de los gobiernos democráticos europeos y estalinistas constituye una parte importante de la enorme masa de libros sobre la Guerra Civil, y aunque sus historias no forman la parte principal de estas obras, prácticamente todos los autores han llegado a mencionar a los voluntarios extranjeros, algo que sería difícil de evitar, dada la campaña de propaganda que acompañó a las Brigadas Internacionales y a su participación en el conflicto.

Si esto ha magnificado la lente deformante con la que se han leído las vicisitudes de voluntarios extranjeros, sigue siendo imposible pasar por alto el hecho histórico que implicó, como se conoce, la movilización de un número considerable de hombres y mujeres de diferentes nacionalidades que, bajo el nombre de la democracia, corrieron a España listos para sacrificar sus vidas por un país que no era el suyo. En el océano de errores, desilusiones y contradicciones en el que tantos voluntarios se encontraron actuando -conscientemente, a regañadientes, o abiertamente en desacuerdo con el gobierno que defendían-, los internacionales aún representan uno de los símbolos más fuertes de la solidaridad de clase y la hermandad entre los pueblos.

LOS VOLUNTARIOS INTERNACIONALES

Inmediatamente después de la sublevación de los generales rebeldes, se reunieron alrededor de las organizaciones políticas las primeras formaciones armadas que apoyaban al gobierno republicano. En Cataluña, en particular, se registró una intensa actividad entre los movimientos más radicales, que formaron en un tiempo muy corto un feroz contingente de voluntarios, listos para entrar en acción para contrarrestar la insurgencia. Pero los primeros extranjeros en unirse a la alineación republicana estaban en España por otras razones. De hecho, en unos pocos días, estaba previsto realizar en Barcelona los contra-Juegos Olímpicos de la clase trabajadora, la llamada Espartaquiada, que había reunido en la ciudad un buen número de "atletas-proletarios", entrenadores y acompañantes para participar en unos juegos organizados en oposición a los Juegos Olímpicos de Berlín. Se estima que al menos 300 jóvenes extranjeros que tenían que participar en el evento se unieron a formaciones milicianas a finales de julio de 1936, lo que constituye el primer grupo de voluntarios internacionales en España. Un artículo publicado en el diario de los socialistas reformistas catalanes afirmaba que, en Barcelona, entre julio de 18 a 20, murieron durante los enfrentamientos «el alemán antifascista» Johann Frey y el austríaco Franz Mechter, mientras que entre los heridos se encontraban los estudiantes Rudolph Kohn de Alemania y los italianos Paolo Girelli, obrero de Brescia, y el «atleta Bruno Sereni». En la primera fase de la Guerra Civil, la unidad de alistamiento de los voluntarios seguía la afiliación política propia, por lo que algunos se adhirieron a las milicias del PSOE (Partido Socialista Obrero Español) y la UGT (Unión General de Trabajadores), y otros a las de la JSU (Juventudes Socialistas Unificadas), el POUM (Partido Obrero de Unificación marxista), la CNT (Confederación Nacional de Trabajadores) o al Quinto Regimiento, un grupo armado formado por miembros de la juventud socialista-comunista del PCE (Partido Comunista Español). De hecho, este fue el único partido del grupo gubernamental que tuvo estrechos contactos con la Internacional Comunista y que en poco tiempo demostró poseer una estructura organizacional ramificada y muy eficiente, aunque, en 1936, los comunistas de estricta militancia soviética eran un pequeño contingente en España. En el Quinto Regimiento prestó sus servicios desde el verano de 1936, el comunista italiano Vittorio Vidali, más conocido por el pseudónimo de guerra de "Carlos Contreras", que introdujo dentro de la unidad la estructura organizativa y los estrictos métodos disciplinarios del Ejército Soviético. Más tarde, Vidali ocuparía altos cargos en las Brigadas Internacionales, ocupando el puesto de comisario político y director de la infame contrainteligencia interna. Aunque la Unión Soviética representaba un punto de referencia indispensable para muchos comunistas, el consenso hacia Moscú no era el mismo en todas partes. Los primeros alemanes que llegaron a España estaban unidos por la indignación ante su renuncia a desencadenar la revolución revolucionaria en Alemania por parte de Stalin. Por esta razón, los grupos de voluntarios exiliados del régimen nazi formaron originalmente dos grupos distintos. El primero fue creado el 7 de agosto por miembros fieles al partido de Moscú, bajo el mando de Albert Schreiner y que llevaba el nombre del líder comunista Ernst Thaelmann, encarcelado por los nazis en Hamburgo en 1933. El segundo grupo se creó en torno a la figura de Hans Beimler, ex diputado comunista del Reichstag, protagonista de un escape legendario de un campo de concentración, pero considerado más bien opuesto a las directivas de Stalin.

Este segundo grupo incluía a unos sesenta alemanes acompañados por algunos daneses y suecos. De la fusión de estas formaciones, que tuvo lugar a finales de agosto, nació la Centuria Thaelmann. De la fuerza de un pequeño batallón, caracterizada, como todas las milicias proletarias y populares, por un armamento improvisado pero contrarrestado por una determinación que pronto se volvió proverbial. Antes de que esta formación se estableciera, otro Grupo Thaelmann, sin ninguna relación con el creado en agosto, se había formado en Barcelona el 23 de julio de 1936 por 11 exiliados alemanes, 8 hombres y 3 mujeres, que se unieron a las columnas de milicianos en Aragón. Después de los alemanes, los voluntarios italianos representaban el segundo grupo importante de exiliados, que se apresuraron en grandes cantidades des de las vecinas Francia y Suiza. El 3 de agosto de 1936, en la prensa de Barcelona, se mencionó por primera vez la formación de voluntarios italianos, refiriéndose a un grupo italiano dentro del Columna (o Batallón) 19 de Julio, perteneciente a la milicia del PSUC (*Partit Socialista Unificat de Catalunya*), la organización política cata-

▲ El socialista turinés Fernando De Rosa se encontraba exiliado en España mucho antes de 1936, después de cumplir cuatro años en prisión en Bélgica por haber intentado disparar a Umberto di Savoia con una pistola. Desde julio de 1936, De Rosa fue jefe del Batallón Octubre de la milicia del Partido Socialista Obrero Español, a la cabeza de la cual participó en los enfrentamientos que precedieron al asedio de Madrid. Fue uno de los primeros antifascistas italianos que cayó durante la Guerra Civil. La presencia de extranjeros con experiencia militar fue considerada muy útil por el gobierno republicano. En julio de 1936, las fuerzas en el frente parecían equilibradas, con aproximadamente 30,000 hombres en cada bando, aunque de los más de 11,000 oficiales, más de 7,000 se alinearon con los rebeldes y, de los restantes, solo mil, incluyendo treinta generales, se consideraron a la altura de la situación. (Ilustración de un póster de posguerra en memoria de Fernando De Rosa, archivo del autor)

na que se adhirió al Komintern, el organismo que reunía a los partidos de la III Internacional. Con toda probabilidad, estos voluntarios pertenecían a la comunidad italiana ya presente en Barcelona, a la que se unió un "atleta" de la Espartaquiada. Otros italianos residentes en Barcelona, a menudo conocidos por las autoridades fascistas, mostraron notabilidad desde los primeros días del levantamiento militar, como el anarquista Artorige Nozzoli, sombrerero y ex legionario del Tercio, que apareció en todas las manifestaciones contra los falangistas y participó en todas las asambleas de la CNT en Barcelona, por lo que un informante de la policía italiana informó a Roma que «se ve a Nozzoli caminando por las calles de Barcelona armado con un arma y un antiguo sable de caballería. Anima, alienta, hace planes y ardides para ataques e incursiones contra falangistas, fascistas, etc. y usa el uniforme anarquista». Entre los primeros en llegar a España a la noticia del levantamiento, los franceses fueron una excepción significativa, ya que las organizaciones de izquierda locales pudieron establecer formaciones voluntarias en su territorio. El primer grupo se estableció en Burdeos e incluía franceses y belgas; una vez en España, tomó el nombre de Centuria Commune de Paris y se unió a la milicia del PCE. Desde agosto estaba bajo las órdenes de Jules Dumont, un oficial del Partido Comunista y futuro líder de la resistencia contra los nazis. Las primeras milicias francesas resultaron ser aquellas que, por razones obvias, parecían mejor organizadas y políticamente más homogéneas; además, casi siempre era una cuestión de contingentes que no se oponían a la política de la Internacional Comunista y que más tarde confluirían principalmente en las Brigadas Internacionales. Un pequeño número de antifascistas británicos había llegado a España, atraído por el eco internacionalista y la causa republicana. Los primeros dos voluntarios se llamaban Samuel "Sam" Masters y Nat Cohen, dos sastres de Londres que recorrían el país en bicicleta cuando estalló la rebelión. Ambos, miembros del Partido Comunista de Gran Bretaña, fueron a Barcelona donde, junto con otros compatriotas, fundaron la Centuria Thomas Mann. El grupo, formado por alrededor de unos cuarenta voluntarios, también incluía el italiano Giorgio Tioli y algunos nombres importantes del periodismo británico de izquierdas, como Keith Scott-Wilson y Tom Wintingrham, más tarde oficial de las Brigadas Internacionales, y el jovencísimo Esmond Romilly de diecisiete años, sobrino de Winston Churchill, y autor de un vívido relato de los combates en Madrid. Los británicos fueron enmarcados junto con algunas formaciones locales para participar en la expedición inconclusa a Mallorca, durante la cual un voluntario resultó gravemente herido. Frustrados por la falta de acción, todos los miembros de la Thomas Mann se unieron a los voluntarios alemanes de la Centuria Thaelmann a finales de septiembre. En el mismo período, muchos comunistas polacos llegaron a España desde la vecina Francia, naciendo así las primeras unidades de voluntarios de Europa del Este, que también incluían checos, eslovacos, húngaros y yugoslavos. La populosa comunidad de mineros polacos en Francia se había unido masivamente a los movimientos de izquierdas, tanto reformistas como revolucionarios, y con el tiempo la presencia de voluntarios acabó llegando directamente desde Polonia. Al final de la Guerra Civil, los polacos llegaron a ser una de las nacionalidades más numerosas entre los voluntarios internacionales junto con los franceses, alemanes e italianos. A través de los muchos canales abiertos por organizaciones antifascistas, cada vez se presentaron más voluntarios. Antes de finales de julio, se estima que al menos 600 voluntarios llegaron a Barcelona en tren o por mar, unidos por el deseo de unirse a las formaciones de la milicia para defender con armas a la República. Estos voluntarios solo pueden ser considerados en parte como predecesores de las Internacionales que luego formarían las brigadas. Lo que en mayor medida los juntaba fue la desconfianza hacia la política de Moscú y su indecisión por intervenir en apoyo de la revolución, hasta tal punto que la mayoría eligió finalmente luchar como guerrilleros en Cataluña y en Aragón, junto a sus camaradas españoles o en otras formaciones del Ejército Republicano.

LAS PRIMERAS UNIDADES INTERNACIONALES DE LA MILICIA POPULAR

La investigación histórica ha tratado esporádicamente los acontecimientos de los voluntarios que llegaron a España desde las primeras noticias de los enfrentamientos, para participar en la revolución que estalló en Cataluña, atraídos por las noticias sobre colectivización, socialización, comités de trabajadores y campesinos; o simplemente para defender la democracia y demostrar que el antifascismo no estaba muerto. La presencia de estos voluntarios se oponía a los que afirmaban que solo la propaganda y la organización proporcionadas por Moscú habría podido organizar la lucha del antifascismo en defensa de la República. En este contexto, la historia de los italianos se encuentra entre los grupos que podrían parecer particularmente significativos, ya que fueron de los primeros de los que se tiene constancia en Cataluña en milicias organizadas espontáneamente por partidos locales, tanto por los más radicales, como por anarquistas y moderados, como por socialdemócratas y republicanos. El escenario que estos voluntarios encontraron en España fue incandescente. Independientemente de lo que sucedió durante la Revolución de Asturias, entre las elecciones de febrero y la revuelta militar de julio de 1936, se registraron 113 huelgas generales en España y otras 228 parciales, 145 ataques con bombas, 215 ataques a sedes políticas, y 150 iglesias quemadas. Los accidentes causaron 269 muertes y 1.287 heridos. Ese alto nivel de conflicto encontraba la base en un rápido crecimiento de formaciones armadas vinculadas a organizaciones políticas y sindicatos. De hecho, antes de mediados de los años 30, los sindicatos, estructuras paramilitares y casi todas las formaciones republicanas habían creado estructuras paramilitares para la autodefensa, consciente de lo que les había sucedido a los sindicatos y sus partidos aliados en Italia, Alemania y Austria. En el verano de 1936, la milicia republicana fue, de hecho, dividida en dos grupos relativamente homogéneos: por un lado, las formaciones de las organizaciones políticas reformistas, entre ellas las pertenecientes a la Internacional, como el feroz y prestigioso Quinto Regimiento, las del sindicato UGT de carácter socialista, y la menos numerosa de Izquierda Republicana; por el otro, las milicias de la CNT y de las otras formaciones revolucionarias. Pero, mientras que entre los primeros solo hubo una conexión formal, entre los anarquistas y los milicianos del POUM se estableció una colaboración que se soldaba en una verdadera alianza política. Parece ser, no obstante, que en los primeros meses del conflicto la rivalidad ideológica existente dentro de las fuerzas republicanas no se consideró decisiva y, aún muchos meses después del comienzo de la guerra, se podían encontrar socialistas y republicanos dentro de formaciones anarquistas, o anarquistas en milicias de partidos como el POUM y, más tarde, incluso dentro de las Brigadas Internacionales.

En general, sin embargo, los voluntarios extranjeros eran bienvenidos, ya que estaban ideológicamente encuadrados y se consideraban luchadores muy decididos; además, a diferencia de sus camaradas españoles, siempre había alguien con conocimiento de tácticas militares, por el hecho de haber servido durante la Primera Guerra Mundial. La presencia extranjera en las filas de la milicia asumió entonces una importancia incalculable desde el punto de vista moral. La imaginación popular llevó a considerar que los voluntarios que llegaban desde el extranjero eran completos combatientes, con experiencia, tan solo porque sus respectivos países habían participado en la Primera Guerra Mundial. De hecho, el "bagaje de experiencia" fue en última instancia lo que más escaseó en la milicia, donde el entusiasmo y la buena voluntad no lograron llenar los vacíos de entrenamiento militar. En la milicia, se introdujeron métodos de comando y disciplina inspirados en la ideología de pertenencia, por lo que, en muchos casos, los oficiales y suboficiales se elegían entre los componentes del partido, o se adaptaban los principios de autodisciplina y los consejos de los soldados, como se experimentó en unidades anarquistas. La formación de la milicia más amplia, la columna, provenía de las unidades de guerrilla de la Guerra de Independencia contra Napoleón y reflejaba una estructura militar horizontal, en la que los grupos armados podían converger actuando de diferentes maneras. Era un modelo que se adaptaba perfectamente a las necesidades ideológicas y militares de la mayoría de las formaciones de milicias, en las cuales los principios de igualdad y los de la asamblea reemplazaban las reglas de los ejércitos tradicionales. Por el contrario, las formaciones comunistas vinculadas al Komintern fueron aquellas en las que se adoptó inmediatamente una disciplina más rígida, similar a la de las unidades regulares del Ejército, que contrastaba fuertemente con las normas que regulaban las actividades de las demás milicias y que era base de discusiones interminables

▲Esta foto, tomada en Barcelona en otoño de 1936, muestra un grupo de voluntarios húngaros. La mayoría de ellos llevan el gorro isabelino completo con borla de lana roja y monos de algodón de diversos colores sobre ropa de civil, el uniforme típico en los primeros meses de la guerra. La insignia de la unidad, montada aquí a la manera de una pancarta, se podía vislumbrar sobre un fondo rojo con letras amarillas o blancas. La unidad fue nombrada en honor al secretario del Partido Comunista Húngaro en el exilio. Al igual que muchos voluntarios de Europa del Este, al final de la Guerra Civil, los húngaros se enfrentaron a una verdadera odisea, que para muchos de ellos terminó trágicamente en los campos de concentración nazis. *(Archivo del autor)*

entre las diferentes orientaciones de los comandos republicanos. Entre octubre de 1936 y marzo del año siguiente, con la incorporación definitiva al ejército regular de toda la milicia, esta militó en el frente de combate a más de 100.000 hombres; casi la mitad de ellos pertenecían a las unidades CNT-FAI, divididas en las plazas fuertes de Aragón, Madrid y Cataluña. Otros 6.000 hombres -más de 2.000 en la reserva- pertenecían al POUM y estaban en el Frente de Aragón, mientras que el resto procedía de la UGT, de las organizaciones juveniles de izquierdas, de las filas del Partido Comunista y de otros partidos del Frente Popular. Era una masa heterogénea de combatientes, a menudo difíciles de controlar, que fueron abandonados a excesos inútiles pero que lucharon valientemente, a pesar de estar afligidos por un armamento insuficiente y, a menudo, sin artillería pesada, con medios de transporte improvisados o incluso inexistentes. El entusiasmo y la confianza en la revolución, después de la derrota del levantamiento militar en Barcelona, Madrid, Valencia y otras ciudades, generó algunas paradojas, por lo que muchos milicianos consideraron normal, especialmente en las primeras semanas de la guerra, detener la lucha por la siesta, o, simplemente, volver a casa para dormir, dejando el frente desprotegido: la dura realidad de la guerra borró rápidamente todo esto. El número total de extranjeros en la milicia popular, es decir, que permanecían fuera de las Brigadas Internacionales, es muy difícil de establecer, pero podría rondar entre los 3.000 y 4.500 voluntarios, incluidas un gran número de mujeres, a veces desplegadas en primera línea, al menos hasta el 30 de octubre de 1936, hasta que el gobierno, mediante el edicto «hombres en el frente y mujeres en la retaguardia», decidió prohibir su presencia en los frentes de batalla, asignando a todas las jóvenes servicios de salud, logística o apoyo..

UNIDADES INTERNACIONALES COMUNISTAS Y SOCIALISTAS

El Partido Comunista Español ya había dado a luz a una milicia del partido en la década de 1930 a través del establecimiento del MAOC (Milicias Antifascistas Obreras y Campesinas). Aunque era un partido relativamente pequeño, el PCE estaba liderado por líderes altamente calificados en la organización de propaganda y en la movilización de militantes. Ante la actitud de pasividad del Komintern, los comunistas españoles tuvieron mucho que hacer para alentar la participación internacional en la lucha contra los sublevados, recaudando ayuda y formando unidades bien organizadas. El enfoque jerárquico en las formaciones de partidos tales como el PCE o el PSUC y sindicatos como la UGT y el PSOE parecía ser más tradicional, aunque en ocasiones las asignaciones de mandos se decidían de manera colegial, al menos en los grados inferiores. Otras formaciones, como el Quinto Regimiento, reproducían en su interior una estructura similar a la del Ejército Rojo, y se introdujo en el Estado Mayor una de las organizaciones militares soviéticas más conocidas, el comisario político, grado destinado a ser de crucial importancia en el Ejército Republicano. El prestigio y la eficiencia del Quinto Regimiento lo convirtieron en poco tiempo en un polo de atracción para muchos de los que deseaban unirse a la milicia, tanto porque los comunistas daban la impresión de una mayor concreción, moderación y disciplina que otras organizaciones políticas, como por sus canales de

▼ Una de las raras imágenes del Batallón Giustizia e Libertà de la Columna Francisco Ascaso de la CNT-FAI, a su llegada al Frente de Huesca, en agosto de 1936. La unidad, formada en Barcelona por Carlo Rosselli y Camillo Berneri, incluía anarquistas, socialistas, republicanos y otros antifascistas italianos y se formó bajo el mando de Mario Angeloni. Al amanecer del 28 de agosto de 1936, el batallón libró su primera batalla, repeliendo un asalto enemigo en el sector del Monte Pelado. Las trincheras aún estaban incompletas, pero resguardadas de enormes montones de trigo y paja, a lo largo de la carretera Zaragoza-Huesca. Los italianos abrieron fuego contra el enemigo que avanzaba por el flanco izquierdo. El comandante Angeloni, que estaba durmiendo al lado del paso de la primera ametralladora, se levantó de un salto y ordenó a otra ametralladora que se moviera hacia la izquierda para defender a los fusileros, y luego tomó una bolsa llena de granadas y se dirigió hacia el frente de batalla, pero cayó inmediatamente a causa de una ráfaga de un automóvil blindado en la carretera. Los voluntarios italianos lucharon audazmente y, a pesar de las defensas improvisadas, lograron repeler el ataque, compuesto por 700 hombres apoyados por ametralladoras, vehículos blindados y una batería de cañones. *(Archivo del autor)*

suministro, que, gracias a las conexiones con el Estado Mayor republicano, se benefició de la ayuda del sistema logístico del Ministerio de Guerra. En muchos sentidos, el Quinto Regimiento constituyó un modelo de referencia para las milicias del PCE y del PSUC, aprovechando la presencia de soldados profesionales, para que los extranjeros presentes adquirieran una experiencia militar inmediatamente útil a la hora de organizar las Brigadas Internacionales. Antes de unirse al personal de las Brigadas, en el contingente extranjero del Quinto Regimiento, encontramos a los italianos Luigi Longo y Giuseppe di Vittorio. La primera gran unidad extranjera de inspiración comunista fue la Centuria Thaelmann, creada a fines de agosto de 1936 en Barcelona, y formada por voluntarios de habla alemana y otros de Suecia, Noruega y Dinamarca. Desde principios de septiembre, los hombres de la Thaelmann lucharon en el Frente de Aragón, en Huesca, Tardienta y Alcubierre, apoyados por un ingenioso camión blindado de su propia invención. En Aragón, la unidad se enmarcó en los cuerpos de milicias republicanas y recibió una serie de nombres que lo hacen difícil de identificar: a principios de septiembre era la 31.ª Centuria del Batallón Maxim Gorki de la Columna 19 de Julio, más tarde, se convirtió en la Centuria Thaelmann del Batallón 19 de Julio de la Columna Carlos Marx. El 25 de octubre, trasladado a Albacete para recibir instrucción, la centuria se transformó en un batallón y se incorporó a la 9.ª Brigada Móvil, que dio origen el 11 de noviembre a la XI Brigada Internacional. La presencia de extranjeros en España aumentó considerablemente antes de que finalizara el verano, a pesar del cierre de la frontera francesa. Muchos de los que llegaban del extranjero habían cruzado los Pirineos a pie, a lo largo de uno de los muchos senderos montañosos de la región. Se trataba de voluntarios decididos, ya que muchos ya se encontraban en condición de fugitivos en Francia, Suiza o Bélgica, donde había asociaciones y grupos de residentes de Alemania, Italia y otras nacionalidades, con muchos años de exilio sobre sus hombros. Las noticias provenientes de España representaron para muchos la señal de recuperación de la lucha y, por esta razón, los primeros en retomarla fueron aquellos que ya habían marchado de su país, especialmente los que poseían más de un motivo para ir a luchar a España, especialmente después de aprender que los sublevados disfrutaban del apoyo militar de Alemania e Italia. La primera formación de voluntarios del Partido Comunista de Italia en el exilio se reunió en Barcelona y partió el 30 de agosto hacia el Frente de Aragón, donde fue agregado a las otras formaciones extranjeras dentro de la Columna Carlos Marx, que se enfrentó por primera vez contra el enemigo en el sector de Huesca. A finales de agosto se formó otra unidad de voluntarios italianos pertenecientes a la Tercera Internacional, llamada Centuria Gastone Sozzi, dirigida por Angelo Antonini, y más tarde, por Gottardo Rinaldi, con el *Arditi del Popolo* (Intrépidos del Pueblo) italobrasileño Francesco Leone como comisario político. Más tarde, la unidad se convirtió en la 22.ª Centuria de la Columna Libertad, una formación de la milicia popular de Cataluña, también conocido como el *Partit Socialist Unificat de Catalunya*. El 9 de septiembre, la centuria se trasladó con el resto de la columna al Frente de Madrid, donde al día siguiente se enfrentó en combate a las tropas rebeldes en el Real Cenicientos, durante

la defensa de la carretera de Extremadura. En el momento exacto de entrar en línea, la unidad estaba formado por 86 italianos, 14 franceses, 2 belgas y 1 danés, además de 2 húngaros y 34 polacos; además, el último incluía la sección de ametralladoras con el nombre de Pelotón Jaroslav Dabrowski. Entre los voluntarios franceses se encontraban soldados profesionales, incluso de alto rango, como el teniente coronel Jules Vincent, que se puso al servicio del gobierno de Madrid una vez se supo del sublevamiento de los generales. Entre el 16 y 18 de octubre, los hombres de la Centuria Sozzi lucharon arduamente en Chapinería, antes de ser enviados a la retaguardia y, más tarde, a Albacete, a la base de las Brigadas Internacionales, donde los sobrevivientes formaron la 3.ª Compañía del Batallón Garibaldi. Las primeras agrupaciones de voluntarios de Europa Central también se formaron en las unidades del PCE y el PSUC. También se formó en Cataluña a principios de septiembre de 1936 la 38.ª Centuria Dimitrov dentro de la Columna Carlos Marx, en honor al secretario del Komintern, formada por voluntarios búlgaros, polacos y checos; mientras que otra unidad, compuesta principalmente por húngaros, se agregó a la misma columna y asumió el nombre de Grupo Rakosi. Este último contingente, establecido dentro de la JSU catalana, agrupaba a unos cuarenta miembros del Partido Comunista Húngaro disuelto, casi todos originarios de la URSS, donde se habían refugiado desde los años 20. Se trataba de una vanguardia de aproximadamente 600 emigrantes políticos de diversas nacionalidades que el Komintern envió a España para formar las Brigadas Internacionales, una forma muy conveniente de deshacerse de esta presencia e infiltrar agentes del NKVD. Junto con los voluntarios rasos y los agentes secretos, acudieron desde la URSS futuros comandantes de la fuerza internacional, combatientes revolucionarios de primera clase de la Academia Militar Frunze, como Manfred Stern (conocido como Emilio Kleber), Maté Zalka (Paul Lukacs), János Gálicz (General Gal), Wilhelm Zeisser (Gómez), Karol Świerczewski (Walter) y muchos más, así como miembros destacados del Partido Comunista Italiano en el exilio, como Palmiro Togliatti y Giancarlo Pajetta, destinados a desempeñar papeles importantes una vez se formaron las Brigadas Internacionales. Algunas de las milicias movilizadas por el PSUC en Cataluña, incluidas aquellas con voluntarios extranjeros, acudieron urgentemente al Frente de Madrid, donde a principios de septiembre participaron en la lucha contra los rebeldes que avanzaban hacia la capital. En comparación con los choques que se producían desde entonces en Aragón, los alrededores de la capital eran mucho más violentos y las unidades milicianas improvisadas apenas podían hacer frente a la falta de preparación de los comandantes y la inadecuación del armamento, que consistía en mosquetes viejos confiscados en los arsenales del ejército y casi siempre heterogéneos, con el resultado de que dentro de la misma unidad había armas de diferente calibre, con efectos perjudiciales para la regulación de las municiones. Los primeros voluntarios internacionales lucharon principalmente en los frentes de Aragón y Madrid, con la excepción de algunas pequeñas unidades que recibieron el bautismo de fuego en el País Vasco, donde ya habían llegado a mediados de agosto para defender a Irún. Esta localidad representaba el único acceso de la región noroeste que se mantuvo fiel a la República y que podía esperar obtener armas y suministros de la vecina Francia. Las formaciones de las milicias presentes en el sector estaban encabezadas por el socialista francés Jacques Menachem, ex capitán del Ejército de Tierra. En total, los extranjeros ascendían a unos sesenta voluntarios de unas diez nacionalidades: el Grupo Valery Wroblesky, dirigido por el comunista polaco Francisco Palka, incluía 9 hombres; el Grupo Edgar André, formado por diez alemanes, incluido su líder, un comunista conocido por el nombre de batalla de Papá; una docena de italianos se reunieron en el Grupo Gorizia, dirigidos por el comunista Remigio Maurovich de Istria, un viejo conocido de la policía política fascista; y, por último, un pequeño grupo dirigido por un veterano de la *Légion étrangère* francesa originario de Bohemia, junto a un judío llamado Besarabia Leib Jampolski, entonces comisario político en la XI Brigada Internacional, y que constaba de tres voluntarios alemanes, un polaco, un francés y un belga. Otros voluntarios extranjeros, incluidos algunos españoles que residían en Francia, formaban parte de unidades y milicias vascas de los partidos locales. El contingente fue compuesto desde un punto de vista político: los milicianos eran en su mayoría anarquistas, comunistas catalanes, y separatistas vascos. Aparte de los líderes, muy pocos podían jactarse de tener alguna experiencia de combate. Entre los voluntarios extranjeros había mecánicos, conductores, marineros, y estudiantes. La edad de los combatientes era muy variada, incluso había un padre con su hijo: los franceses Louis y Henry Brion. El armamento provisto era bastante variado y probablemente no suficiente para todos; de hecho, el militante Attilio Galeazzi, desplegado como un "lanzador de bombas", no pasa desapercibido entre los defensores. Muchos voluntarios italianos eran expatriados a largo plazo en la vecina Francia y algunos tenían experiencia de combate, como el anarquista Alessio Donati, oficial de artillería en la Gran Guerra. Sometida a los bombardeos de la aviación y la artillería sublevada, los defensores sufrieron fuertes pérdidas sin ser capaces de devolver el ataque, mientras los opositores procedían a conquistar el Monte Picoqueta, avanzando hacia el pueblo de San Marcial, al norte de Irún. Los adversarios pretendían quitar a los defensores el control de las vías de comunicación con Francia y Cataluña, de modo que el 3 de septiembre se encontraban a punto de conquistar el puente de Hendaya, que unía Irún a la frontera. Alrededor de este objetivo estratégico se intensificó la lucha, que continuó hasta la tarde del 4 de septiembre, cuando los milicianos se vieron obligados a retirarse por falta de munición. Los italianos Maurovich y Donati cayeron en el puente de Hendaya, a través del cual una gran cantidad de civiles acababan de pasar por Francia. Otro italiano llamado Arrigo Gojak, que había sido herido en la batalla, fue asesinado al día siguiente por los rebeldes en el hospital de Irún. Un antifascista alemán, llamado Stern, murió en un hospital francés, mientras que el voluntario Giovanni Battista Frati, herido en combate, recibió los primeros auxilios en la enfermería de la Gendarmería francesa. Muchos milicianos se refugiaron al otro lado de la frontera y cruzaron la frontera, mostrando sus cartuchos vacíos a los guardias franceses. En total, seis voluntarios italianos perdieron la vida en la lucha en torno a Irún.

UNIDADES INTERNACIONALES ANARQUISTAS

En los años 30, una parte considerable de la población española se adhería o simpatizaba a alguna ideología libertaria, que a su vez podía contar con una organización sindical muy eficiente, que en los bastiones de Cataluña y Aragón reunía a casi la mitad de los trabajadores registrados en todos los sindicatos. Bajo las iniciales de FAI (Federación Anarquista Ibérica) y CNT (Confederación Nacional del Trabajo) actuaron círculos y asociaciones culturales en contacto con organizaciones libertarias del extranjero, pero, a diferencia del Komintern, los anarquistas nunca establecieron centros para reclutar voluntarios extranjeros o para facilitar su participación o entrada en España. La única excepción fue la sección francesa de la CNT de Puigcerdà, una ciudad situada en la frontera oriental de los Pirineos, en territorio español. La ciudad se encuentra a menos de un kilómetro de la frontera francesa y fue elegida en julio de 1936 como base para la oficina de propaganda de los Pirineos, con el fin de fortalecer la cooperación entre los anarquistas de los dos países vecinos. A partir de marzo de 1937, la sección también comenzó a cumplir el papel de centro de tránsito auxiliar para los voluntarios anarquistas que se dirigían a Cataluña. La sección, con mil dificultades, permaneció activa hasta mayo de 1937, cuando cerró sus puertas debido a la falta de fondos y la frustración causada por los disturbios en Barcelona.

La afluencia de voluntarios a la milicia confederal se llevó a cabo de la manera más diversa, en la ola de la espontaneidad de los militantes; sin embargo, experimentó una verdadera ola de ingresos durante el verano de 1936. En primer lugar, como era de esperar, acudieron los franceses, y con ellos, los exiliados anarquistas italianos en Francia, que se apresuraron a luchar contra los insurgentes, demostrando ser muy activos en abastecer a las primeras unidades a nivel nacional. La policía fascista italiana tomó nota en aquellas semanas de muchas expediciones clandestinas que tenían como protagonistas a anarquistas que durante tiempo habían estado bajo estrecha vigilancia, y que, con singular temeridad, llegaban a España por los caminos más variados. Adriano Ferrari, Renzo De Peretti y Enzo Costantini, los tres anarquistas italianos asesinados en Barcelona por los Guardias de Asalto durante las Jornadas de Mayo de 1937, se habían alistado en la milicia de la CNT en enero después de haber desertado de una unidad del *Corpo Truppe Volontarie* de Mussolini. El camino recorrido por los «subversivos» Calamassi, Cocco y Guerrieri, de la columna confederal Francisco Ascaso, era más largo, pero menos arriesgado, ya que partieron hacia Chambery, cruzando los pasos alpinos a pie, y desde allí viajaron a Marsella para zarpar con destino a Barcelona. El rechazo a la disciplina y los modelos tradicionales de los ejércitos burgueses llevaron a la adopción de una terminología completamente nueva en la milicia para referirse a las funciones y unidades, incluso si en algunos casos tan solo se tratara de diferencias aparentes. La estructura organizativa de las columnas de la CNT-FAI también influyó en las otras milicias, entre ellas las del POUM catalán, un partido marcadamente antiestalinista y principal aliado de los anarquistas. En la base de la milicia se encontraban las asambleas, donde todas las decisiones se tomaban a través del principio de democracia directa, aboliendo así la jerarquía militar tradicional. La unidad militar más pequeña era el grupo o pelotón de 25 milicianos, bajo las órdenes de un delegado elegido por la asamblea, pero revocable en cualquier momento. Cuatro o más grupos formaban una centuria, guiada de la misma manera por un delegado oficial. Por lo tanto, cuatro o cinco centurias constituían una

VOLUNTARIOS ITALIANOS

Gracias al trabajo de la Asociación de Combatientes Voluntarios Antifascistas en España es posible examinar una muestra de 140 voluntarios, a partir de los que es posible reconstruir una biografía suficientemente detallada, retrocediendo en muchos de ellos a la fecha y lugar de nacimiento, la profesión, y otros elementos útiles para formar un marco estadístico suficientemente amplio. En la muestra también hay una mujer, la anarquista milanesa Angelica Astolfi, presente en Barcelona en 1938. Un voluntario es originario de Rodas, con un nombre griego y apellido inequívocos, pero que reside en Imperia. Otros dos voluntarios vienen de Suiza y podrían ser ciudadanos suizos italohablantes.

Expatriados en el extranjero antes de 1936	Emigrado antes de 1921, o hijos de emigrantes:	Huidos de Italia después de 1936:	Incierto:
47,2%	28,9%	16,7%	7,2%

Profesión:

Trabajadores	artesanos	campesinos	comercio	transporte	militares	maestros	otras prof.*	desconocido
31,6%	17,9%	7,3%	6,3%	6,3%	2,1%	2,1%	2,7%	23,7%

* 1 abogado, 1 actor de teatro, 1 asegurador, 1 publicista, 1 editor

Nota: entre los militares hay dos suboficiales y un teniente coronel, Paolo Avogadro, de Novara, expulsado del *Regio Esercito* después del descubrimiento de su afiliación con *Giustizia e Libertà* y expatriado clandestinamente en 1938.

Edad:

Menores de 21	De 22 a 30	Mayores de 31	Mayores de 40	Mayores de 50	Desconocido
2,8%	26,9%	46,8%	11,4%	4,2%	7,9%

agrupación o batallón. Finalmente, un mínimo de dos batallones daba luz a una columna. Aunque, sin duda, los más altos cargos respetaban el mandato de la asamblea, en la milicia CNT-FAI había sin embargo un tipo de Estado Mayor permanente, donde accedían los milicianos con conocimientos militares específicos, reunidos en el Consejo Técnico-Militar, inmediatamente subordinados al Comité de Guerra, el cuerpo de gestión político-militar de las columnas. Incluso en los escalafones más altos, los rangos permanecían electivos, pero una vez establecidas las jerarquías, la autodisciplina requería que los milicianos obedecieran las órdenes, al menos hasta la próxima asamblea. En la famosa Columna Durruti, dirigida por el famoso y respetado líder sindical que le daba nombre, tomó asiento en el Consejo Técnico un comandante delegado por los voluntarios internacionales, el francés Louis Berthomieux.

Gracias a la investigación de David Berry, que fue capaz de investigar en los archivos de la CNT-FAI, se ha podido obtener una visión más amplia de la participación francesa en las filas de las milicias anarquistas y, en segundo lugar, la presencia internacional en las mismas unidades a partir de julio de 1936. Sobre la base de 332 nombres de anarquistas franceses que en diversas capacidades se encontraban en España, presumiblemente antes de mayo de 1937, 225 ocupaban puestos de combatientes en la milicia confederal. Las listas encontradas también incluyen nombres de italianos, alemanes, suizos, búlgaros, rusos, checos, portugueses, belgas, holandeses y otros de nacionalidad indeterminada. Según el propio autor, esta lista está lejos de ser completa y, sobre todo, no tiene en cuenta voluntarios con apellidos catalanes, españoles y vascos que podrían ser de nacionalidad francesa, o de algún país de América del Sur. La mayor parte de los voluntarios franceses, es decir, 157, circularon dentro de la Columna Durruti, mientras que otros 37 extranjeros, en su mayoría franceses, se fusionaron en la Columna Ortiz antes de diciembre de 1936, reuniendo 10 voluntarios franceses a finales de julio. Otros 10 franceses aparecen en la Columna Los Aguiluchos, 5 en la Columna Libertad y uno en cada columna española, Hilario Zamora, García Oliver, y Aviatores; todos desplegados en el Frente de Aragón, excepto la Columna Libertad, asignada a la defensa de Madrid. Según la misma fuente, 19 milicianos franceses también se militarizaron en la sección italiana de Columna Ascaso. En la misma columna, se formó el 25 de julio de 1936 el Grupo Eric Müsham, que incluía voluntarios de Alemania y Suiza. A finales de agosto los voluntarios franceses e italianos de la Columna Durruti se unieron para formar un grupo de unos cincuenta hombres, que tomaron el nombre de Grupo Sébastien Faure, un pedagogo libertario de Saint-Étienne, y pasaron a formar la primera Centuria Internacional Anarquista. Junto con el movimiento anarquista, las primeras organizaciones antifascistas italianas que incitaron a sus miembros del exterior a intervenir en España fueron *Giustizia e Libertà*, el Partido Socialista Maximalista, la minoría bordiguista del Partido Comunista, y el Partido Republicano.

▲ Emilio Canzi y Giuseppe Mioli, voluntarios en la Columna Francisco Ascaso. Emilio Canzi (izquierda), más tarde, líder de una brigada de la 26.ª División (antigua Columna Ascaso), había sido sargento de francotiradores en la Primera Guerra Mundial y, más adelante, organizador de *los Arditi del Popolo* en Piacenza. Expatriado a finales de 1928, partió a España con la noticia del golpe militar para alistarse en la milicia de la CNT-FAI. Afligido, al igual que muchos otros anarquistas italianos, por los acontecimientos de la política republicana, el "coronel anarquista" abandonó las armas, pero, después del 8 de septiembre de 1943, fue uno de los principales líderes de la Resistencia en el área de Piacenza. Canzi murió en un accidente automovilístico en noviembre de 1945, después de haber donado todas sus pertenencias al personal del hospital en el que había sido admitido. Canzi y Mioli visten el típico traje mono de algodón grueso, color arena o café claro, y los cinturones y la funda de una pistola Astra local en cuero marrón. La boina negra no llevaba ningún distintivo y con frecuencia reemplazaba al gorrillo rojo y negro común entre los milicianos de la CNT-FAI.

Con ellos, algunos comunistas y socialistas reformistas también se encontraron de acuerdo, contrariamente a las instrucciones de espera del Partido Comunista y el Partido Socialista que, de acuerdo con las indicaciones de la Internacional respectiva, siguieron invitando a sus miembros a recolectar fondos, alimentos, y medicinas para la República Española, pero no a apoyarlo con armas. La inclusión de voluntarios dentro de estas milicias no siempre se regulaba por afiliación política, y, en el caso de los antifascistas italianos, se encuentran numerosos ejemplos de coexistencia entre voluntarios de diferentes ideologías. Se le atribuye al anarquista Camillo Berneri la primera propuesta de formar una milicia a la que todos los antifascistas italianos tuvieran acceso sin tener en cuenta la ideología. La oportunidad fue aprovechada por otros exiliados antifascistas, y se llegó a un acuerdo en el que los no anarquistas podrían entrar en una columna patrocinada por la CNT, y a su vez estos renunciarían a darle a la unidad un carácter ideológico específico. El 5 de agosto de 1936, se llegó a un acuerdo con las otras partes: «Los anarquistas italianos enrolados en la Milicia de la C.N.T. y de la F.A.I. -según la agenda de la reunión- saludan fraternalmente a los voluntarios antifascistas italianos de *Giustizia e Libertà*, el Partido Socialista Maximalista, la Acción Republicana y el Partido Socialista Republicano, que han preferido, reconociendo el importante papel del anarquismo en España en la lucha contra el fascismo, la nuestra respecto a las otras milicias». Más tarde, se estableció un comité de coordinación, con la tarea de verificar y hacer un mejor uso del conocimiento técnico y militar de los diversos miembros de la milicia recién constituida. Alrededor de 130 voluntarios italianos se unieron a las filas de Columna Francisco Ascaso, formada en Barcelona en agosto de 1936 por anarquistas catalanes y aragoneses. Los italianos dirigidos por Carlo Rosselli se unieron a la propuesta de Berneri y se reunieron en una sección conocida como la Columna *Giustizia e Libertà*, estructurada en una media compañía de fusileros y una de ametralladoras. La recepción de tantos voluntarios no alineados con las posiciones de los anarquistas en las unidades de CNT-FAI testimonia, por un lado, la supremacía de estas formaciones en el campo antifascista y, por otro, una forma de catalizar la presencia de voluntarios extranjeros en su propia milicia, con el fin de contrarrestar las iniciativas similares de los comunistas, especialmente las vinculadas al Komintern. Probablemente, también iba en esta dirección una propuesta presentada por un representante de la CNT de Barcelona en una asamblea de principios de agosto de 1936, para evitar la afluencia de extranjeros, motivándolo con la suposición de mantener el movimiento revolucionario en una dimensión autóctona. En efecto, la asamblea resolvió apoyar a los milicianos anarquistas con los guardias fronterizos catalanes durante algún tiempo, con el fin de intensificar los controles de la frontera. Pero, antes de finales de verano, diversos voluntarios de diferentes orígenes ya participaban en los combates en Aragón enmarcados en la formación extranjera más importante entre las de la CNT-FAI, el Grupo Internacional de la Columna Durruti. A principios de noviembre, una parte de esta columna, que ya tenía un total de casi 7.000 combatientes, se dirigió a Madrid con el propio Buenaventura Durruti, mientras en Aragón, en el sector de Belchite, permanecía otra gran unidad confederal, la Columna Ortiz, que en diciembre de 1936 incluía docenas de internacionales. A pesar de la hostilidad inicial hacia la presencia extranjera, todas las formaciones anarquistas, incluidos los voluntarios llegados del extranjero, fueron enviados inmediatamente al frente de batalla. La Columna Ascaso llegó a Aragón a mediados de agosto de 1936, incluyendo la Sección Italiana bajo las órdenes de Carlo Rosselli y el republicano peruano Mario Angeloni, expatriados de Italia en 1932. A condición de "Responsable Político", se nombró al anarquista boloñés Vindice Rabitti. De los dos comandantes, Rosselli tenía muy poca experiencia militar, pero era el más dotado como líder. Angeloni, de personalidad muy brillante, parecía capaz de establecer contacto directo con la milicia, pero, a pesar de

▼ Desfile de un grupo de miembros del Batallón de la Muerte, una de las formaciones internacionales establecidas en Cataluña tras el golpe militar, el 14 de marzo de 1937 en Barcelona. El batallón se formó alrededor de un grupo de anarquistas italianos exiliados en Cataluña, a los que se unieron otros italianos de Francia y Sudamérica. En febrero de 1937, el jefe de la unidad, el italiano-argentino Candido Testa, logró obtener los fondos del gobierno catalán para equipar a sus hombres en vista del desfile que se llevó a cabo en presencia del presidente de la Generalitat, Lluís Companys. La unidad lucía una chaqueta sahariana de color gris sobre un suéter negro de cuello alto, pantalones caqui sueltos o atados, y cinturón de cuero oscuro. La daga de su cinturón estaba inspirada probablemente en la de los *Arditi* italianos de la Gran Guerra, pero la boina negra bordada con una calavera y la apariencia general del uniforme parecía una imitación torpe de uniformes fascistas, lo que atrajo críticas por parte de muchos de Cabeza de los presentes. En otras fotos de este desfile se pueden observar mujeres vestidas con el mismo uniforme, pero su presencia en el batallón debió ocurrir solo durante el desfile.

haber estado en el Ejército, tendía a descuidar la disciplina de sus hombres. La sección llegó al frente con 150 combatientes. El armamento pesado consistía en cuatro ametralladoras; la munición y el equipo se habían transportado en la parte posterior de una mula. Junto con otras milicias involucradas en la lucha en el Frente de Aragón, la Columna Ascaso recibió el bautismo de fuego al amanecer el 28 de agosto, cuando rechazó un asalto sublevado en el Monte Pelado, una prominencia de la meseta de Galocha, situada entre las ciudades aragonesas de Huesca y Almudévar. A los atacantes les apoyaba un cañón y algunos vehículos blindados, pero la milicia se defendió obstinadamente y, después de cuatro horas de enfrentamientos, repelió a los rebeldes, aunque con muchas bajas, incluido el comandante Mario Angeloni, que murió junto con otros siete voluntarios italianos de su unidad. El comando de la sección pasó a Giuseppe Bifolchi, que ya había sido suboficial durante la Primera Guerra Mundial. Los demás milicianos extranjeros presentes en las columnas de la CNT participaron junto a sus camaradas catalanes y aragoneses en la Batalla de Pina de Ebro, el 16 de octubre de 1936, que terminó con una costosa victoria para los republicanos. En el choque, probablemente el más violento sostenido hasta entonces, 80 voluntarios extranjeros perdieron la vida. En el otro sector del frente aragonés, al final de la ofensiva nacionalista en Perdiguera de octubre de 1936, el grupo internacional de la Columna Durruti había perdido en batalla 170 hombres de los 240 que desplegaron al comienzo de la ofensiva. Al igual que otras unidades anarquistas, el grupo internacional fue considerado una unidad de asalto y como tal fue empleado en la batalla, acumulando un trágico récord de pérdida en combate, que culminó con la acción trágica del 22 de octubre en la Batalla de Perdiguera, cuando 37 voluntarios extranjeros permanecieron aislados del resto de la unidad. Rodeados y sin esperanza de recibir ayuda, cayeron uno tras otro sin rendirse, entre ellos el joven August Marx, un voluntario alemán de solo diecinueve años. Ya convertidos en soldados de la Compañía Internacional de la 26.ª División del Ejército Popular, a principios de abril de 1937, los voluntarios extranjeros de la columna contaban con alrededor de 130 hombres. El 7 de abril, la compañía fue desplegada en batalla y lanzada al ataque de la Ermita de Santa Quiteria, una posición estratégicamente importante en el sector Tardienta, donde incluso en el otoño precedente ya había habido enfrentamientos feroces que costaron muchas pérdidas a la milicia republicana. A pesar de un éxito inicial, esta vez, gracias al apoyo de un gran número de piezas de artillería y morteros, los republicanos no lograron aislar a sus oponentes debido a la falta de coordinación entre las fuerzas y se vieron obligados a retirarse. La compañía internacional perdió 16 hombres en la batalla, otros 4 desaparecidos y 23 heridos. En esa batalla, también perdieron la vida algunas jóvenes enfermeras de la columna. De todas las formaciones de la milicia popular, los anarquistas llegaron a registrar un alto porcentaje de mujeres, que permanecieron junto a los milicianos incluso después del edicto de octubre de 1936. Todo indica a que el mayor número de voluntarias extranjeras de la CNT-FAI eran de nacionalidad francesa, con al menos 17 mujeres dentro de los 259 voluntarios identificados, y que la mayoría estaban en Columna Durruti. Una de ellas, Emilienne Morin, se desempeñó como coordinador de los servicios técnicos de la columna en el Frente de Aragón hasta diciembre de 1936. Aunque trabajaban como enfermeras o en otras tareas en la retaguardia, algunas jóvenes pagaron la participación en la lucha con sus propias vidas. En septiembre, la francesa Susanne Hans, de 22 años, cayó durante un asalto a Ferlete, mientras que al mes siguiente les correspondió a las enfermeras Georgette Kokoczinski y Juliette Baudard seguir siendo víctimas de los combates en Perdiguera. Durante la ofensiva franquista en ese sector, el Grupo Internacional también perdió a su delegado general, el ex capitán de artillería francés Luois Berthomieux, reemplazado el 16 de octubre por el oficial de los *Jeunesses anarchistes-communistes* parisinos Roger Boutefeu, alias Coudry, de 25 años. Este, junto con el anarquista argelino Mohamed Saïl, fue posteriormente acusado de deserción, tras ser herido y hospitalizado en Barcelona, desde donde regresarían a Francia en enero de 1937. El clima de sospecha y odio político existente en el Estado Mayor del Ejército de Aragón generó el rumor de que Coudry se había herido deliberadamente para regresar a casa y de esta sospecha tuvo que defenderse en su tierra natal. Aunque los casos de deserción eran bastante raros, la movilidad de voluntarios extranjeros dentro de las milicias de la CNT-FAI hace que sea difícil formar un marco general, dejándonos con una reconstrucción fragmentaria de la realidad. Una de las acciones más importantes en el Frente de

Voluntarios extranjeros en las unidades de la CNT-FAI de agosto de 1936 a enero de 1937					
Aragon	Franceses	Italianos	Alemano	Suizos	Otros
Columna Durruti Grupo Internaciónal	151	65	120	12	65
Columna Ascaso:	25	240	29	5	52
Columna Ortiz:	16	18	10		19
Columna Los Aguiluchos:	7		40	3	2
Columna de Hierro:	2		3		6
Columna Aviatores:	2				
Columna Españole:	1				1
Columna Garcia Oliver:	1	2			
Columna Hilario Zamora:	1				2
Madrid					
Columna Libertad:	5				1
Columna Del Rosal (inclusa Bateria Sacco y Vanzetti):	1	30	10	2	

Fuente Berry; Nelles; Enzensberger, Alpert y otros.

▲ En el Frente de Huesca en Aragón, las columnas de la CNT-FAI reunían la mayoría de las unidades internacionales, como los batallones *Giustizia e Libertà* y el de la Muerte dentro de la Columna Ascaso, y el Grupo Eric Müsham, formado por anarquistas alemanes, en la Columna Los Aguiluchos. En octubre de 1936, esta formación usaba una bandera roja y negra con una estrella de tres puntas y una inscripción amarilla.

Aragón en la que participó una milicia internacional fue el asalto a Huesca, que tuvo lugar entre el 6 y el 7 de abril de 1937, cuando la sección italiana de la Columna Ascaso intentó, junto con los milicianos del POUM, conquistar el sitio fortificado de Carrascal. En esta acción se desplegó un departamento de bomberos, entrenado por el anarquista Abruzzese Antonio Cieri, quien personalmente dirigió la acción, pero fue herido de muerte. Dentro de la milicia anarquista, la unidad extranjera más conocida, y al mismo tiempo polémica, fue la Centuria Malatesta, constituida en Barcelona pocos días después del levantamiento militar, por iniciativa del residente italiano Nicola Menna.

La unidad aumentó sus filas con la entrada de anarquistas italianos que vivían en Cataluña y con otros que se apresuraron con la noticia de la rebelión militar. En septiembre, la unidad cambió su nombre al grotesco título de Batallón de la Muerte, eligiendo como símbolo la calavera y las tibias cruzadas, y desplegando tres compañías más una sección de "personal", enmarcado como otras unidades internacionales en la Columna Ascaso. Los miembros del batallón se reunieron para entrenar en una granja cerca de Sant Adrià de Besòs, con armas proporcionadas por el asesor económico de la Generalitat de Cataluña, Diego Abad de Santillán. La información sobre esta unidad es a veces contradictoria o se vuelve reticente sobre algunos detalles importantes. Algunos de los autores que trataron las milicias de la CNT-FAI nunca mencionan el batallón, mientras que otras fuentes hablan de él de manera muy positiva, o de una manera totalmente negativa, refiriéndose a anécdotas poco halagüeñas. A mediados de septiembre de 1936, el batallón se enfrentó por primera vez contra los rebeldes con resultados nada satisfactorios. En las memorias del voluntario italiano Francesco Scotti, recogidas por Davide Lajolo, se hace mención del batallón de anarquistas italianos recién llegado al Frente de Aragón, en el sector de Huesca: «Apenas había salido a primera línea con mi columna, cuando llegó al frente una extraña unidad llamada Batallón de la Muerte. Eran anarquistas pendencieros y frenéticos; venían de Barcelona y se mudaron a nuestro frente para conquistar Huesca. Enfadados por nuestro consejo de prudencia, nos dijeron brutalmente que nos enseñarían a hacer la guerra. Salieron con sus camiones hacia el bastión atrincherado de Huesca. Desataron un huracán de fuego, pero no pasaron muchas horas en los camiones y volvieron a la retaguardia». Tras el fracaso del enfrentamiento de Huesca, el batallón fue enviado para reorganizarse en la base de Santa Perpètua de Mogoda y pasó a las órdenes del anarquista italoargentino Candido Testa, también conocido como Mario Weber. No está claro a quién habría reemplazado el nuevo comandante al frente del batallón, que, según algunos, había sido dirigido por Camillo Berneri hasta entonces; si bien es cierto que este, afligido por problemas de vista, ya no estaba en el frente a mediados de septiembre. Los hombres del Batallón de la Muerte, sin embargo, se hicieron notar en el desfile del 14 de marzo de 1937 en Barcelona, despertando impresiones contradictorias, especialmente por el lúgubre uniforme que habían adoptado, juzgado demasiado similar al de los *Camicie Nere* (Camisas Negras). A pesar del fervor libertario y el aura de dedicación romántica a la causa revolucionaria que rodeaba a sus componentes, la reputación de unidad siguió siendo ambigua. La prensa de los exiliados italianos en Argentina describió el batallón con tonos entusiastas, ilustrando las acciones del comandante y los de sus subordinados, como Emilio Strapellini, jefe de la segunda compañía: «de Rovereto, Trentino, y ex capitán de los *Alpini*, ex secretario de la Liga de los Derechos Humanos en París y que estuvo recluido durante 54 meses en la isla de Lipari. [...] Tanto Testa como Strapellini, a través de caras divertidas, no niegan el temple de acero de los combatientes italianos».

Otros testigos, por otro lado, no mostraron el mismo entusiasmo y admiración: unos días antes, un voluntario adherido a *Giustizia e Libertà*, había escrito a un gerente de la organización que desconfiaba de Testa, llamándolo ladrón, y, del Batallón de la Muerte, que nadie se lo tomaba en serio. Igualmente ambigua sigue siendo la cuestión de quiénes fueron los comandantes que se turnaron para dirigir la unidad. A raíz de un nuevo desastre, sufrido en el asalto a una estación enemiga en Santa Quiteria, cerca de Tardienta, en abril de 1937, el Estado Mayor se convenció de que hacía falta confiar el batallón a un oficial experto, elegido entre una lista de candidatos, incluido Francesco Fausto Nitti, sobrino del estadista italiano Francesco Saverio Nitti, ex combatiente de la Primera Guerra Mundial y adherido a *Giustizia e Libertà*. Sin embargo, Nitti, al que otros autores sitúan a la cabeza del Batallón Rojo y Negro, otra unidad de la CNT-FAI, nunca mencionan la unidad que lideraba, haciendo que toda su historia no esté clara. Incluso las fechas relativas al nombramiento de los comandantes no coinciden, si tenemos en cuenta que Candido Testa, todavía considerado jefe del batallón, estaba convaleciente en Barcelona a mediados de junio, debido a una herida recibida en Huesca. Por otro lado, los documentos oficiales también aumentan la incertidumbre. Un informe sobre el estado de la fuerza de la CLIII Brigada Mixta, del 27 de noviembre de 1937, certifica que

Nitti estaba al mando del 3.er Batallón de la brigada y, si este último había comandado el Batallón de la Muerte del 19 de mayo al 15 de julio de 1937, se puede deducir que la unidad se había convertido, una vez reorganizada por Nitti, en uno de los batallones de brigada. Asumiendo, sin embargo, que Nitti estaba al tanto de los acontecimientos de la unidad y de la reputación de Candido Testa, es igualmente probable que prefiriera guardar silencio sobre el asunto, apresurándose a aceptar su nombramiento como comandante de una batería de artillería de la CXL Brigada. Por otro lado, en las memorias del comandante en jefe del Ejército de Aragón, Vicente Guarner, se mencionan varias unidades extranjeras dentro de las formaciones de las milicias, en particular la Centuria Giustizia e Libertà y el Batallón de la Muerte, y en los mismos informes se alude a una acción ofensiva no concluyente conducida por el

▲ Bajo las banderas negras y rojas de la CNT-FAI, los voluntarios extranjeros de Columna Durruti avanzan detrás de su estandarte, durante un desfile en Barcelona en octubre de 1936. Mientras que en la Columna Ascaso muchos de los internacionales venían de Italia, en la Durruti predominaba la presencia francesa. *(Archivo del autor)*

batallón en Almudévar. Guarner recordó más tarde la transferencia de todos los milicianos que aún pudieran luchar al sector de Montalbán, en la zona de Calamocha, donde se vieron envueltos en una serie de enfrentamientos, que terminaron alternativamente y donde siempre sufrieron muchas pérdidas.

A fines del verano de 1937, el batallón se había disuelto y la mayoría de sus miembros habían regresado a Francia, mientras que una parte había aceptado trasladarse a la XII Brigada Internacional. En cambio, según Carlos Engel, autor de la *Historia de las Brigadas Mixtas en el Ejército Popular*, en mayo de 1937, el batallón se enmarcó en la CXLII Brigada Mixta, junto con un batallón vasco y otro español. El italiano Alessandro Contini fue elegido al frente de la unidad. Más tarde, en el mes de octubre siguiente, toda la brigada se disolvió y todos los hombres se unieron a la 32.ª División. Se ha llegado a registrar una significativa presencia alemana dentro de la milicia de la CNT-FAI, gracias al trabajo de Dieter Nelles, que examinó la biografía de al menos 250 de sus compatriotas que, por diversas razones, trabajaron con organizaciones anarquistas, tanto como combatientes, como propagandistas, periodistas, o colaboradores en diversos ámbitos. Aunque en su país el anarcosindicalismo no era una realidad política grande, todavía estaba muy activo durante los años de exilio. Reunidos en el DAS (*Gruppe Deutsche Anarcho-Syndikalisten im Ausland*), los libertarios alemanes se sentían naturalmente atraídos por el prestigio del movimiento español y, a su vez, actuaban como un punto de agregación para otros anarquistas del centro y norte de Europa. La primera unidad de voluntarios del DAS se formó el 27 de agosto de 1936 en la Columna Los Aguiluchos y tomó el nombre de Grupo Erich Müsham. Junto con sus camaradas españoles, los alemanes lucharon en Aragón, donde recibieron el bautismo de fuego en el cementerio de Huesca a principios de septiembre. Se han identificado otros anarquistas alemanes en diferentes unidades de la CNT, como 29 voluntarios que llegaron de Alemania y recordaron en sus cartas al socialdemócrata Otto Albrecht en la Columna Ascaso; otros 12 en la Columna Ortiz, así como presencias individuales de oficiales, como en el caso de un batallón de la Columna Rosal en Madrid, comandado por el socialdemócrata Carl Oster. Entre octubre y noviembre de 1936, la mayoría de los voluntarios extranjeros presentes en la milicia de la CNT-FAI en Aragón se reunieron en el Grupo Internacional de la Columna Durruti. Se estima que alrededor de 150 voluntarios alemanes se militarizaron en esta unidad, aunque en el frente nunca coincidieron más de un centenar al mismo tiempo. Como sucedió con los voluntarios italianos, incluso los alemanes se unían a las milicias confederales sin tener en cuenta la ideología de origen, aunque entre los alemanes antifascistas era muy enérgica la rivalidad con los marxistas, por razones obvias. También en el Frente de Aragón, dentro de la milicia CNT-FAI, se instaló una batería de artillería internacional, llamada Batería Sacco y Vanzetti, antes de que finalizara el verano de 1936, comandada durante un cierto período por el anarcosindicalista francés Paul Chacon, bajo el nombre de batalla Máximo Mas. La unidad estaba formada por voluntarios italianos, una docena de alemanes, y algunos más de diferentes nacionalidades. Como ayudante y consejero militar, trabajó hasta 1937 el comunista "disidente" Ernst Günther, un ex oficial del Ejército Alemán. La batería formaba parte de la Columna Tierra y Libertad, considerada una de las unidades elegidas de la CNT-FAI catalana, y fue enviada al frente madrileño a fines de septiembre donde participó en la defensa de la ciudad, luego, durante el abril siguiente, se enmarcó en la CLIII Brigada, con la que luchó nuevamente en Aragón, en el sector de Teruel y Cuenca. Una reconstrucción precisa llevada a cabo en los archivos de la FAI-CNT indicaría que al menos 1.500 voluntarios internacionales estuvieron presentes en las unidades anarquistas entre julio de 1936 y abril de 1937, hasta que la milicia confederal se clasificó definitivamente dentro del Ejército Republicano. En ese nuevo contexto, destacan

▲ Francisco Ascaso, Buenaventura Durruti, Gregorio Jover. Tres líderes del movimiento anarquista español FAI, CNT. en París en 1927.

las carreras aisladas de los comandantes extranjeros, como el "coronel anarquista" y futuro líder partidista Emilio Canzi, jefe de una brigada de la 26.ª División hasta junio de 1937. A partir de esa fecha, es casi imposible determinar la presencia extranjera en el Ejército Popular, teniendo en cuenta que muchos abandonaron España bajo la amenaza de represión desatada por el gobierno de Negrín después de los acontecimientos en Barcelona. Esta ola de furia represiva ciega y sin sentido abrumó a uno de los principales defensores de la participación internacional en la Guerra Civil, el italiano Camillo Berneri, fusilado en Barcelona el 5 de mayo de 1937 junto con su principal colaborador, Francesco Barbieri. La presencia italiana en la milicia confederal debe ser considerada como una de las más numerosas y reconocidas con más de 500 voluntarios, seguida por los franceses, con más de 300 y por los alemanes con 250. Otros voluntarios anarquistas ingresaron en España individualmente o junto con más grupos o menos organizados, procedentes de Suiza, Rusia, Ucrania, Bielorrusia, Argentina, Polonia, Hungría, Bulgaria, Escandinavia, los Estados Unidos, y Gran Bretaña.

UNIDADES INTERNACIONALES DEL POUM

Andreu Nin, comunista catalán, durante algunos meses, secretario personal de León Trotsky, era el carismático líder del POUM (Partido Obrero de Unificación Marxista), una formación política dentro de la galaxia de disidencia comunista contra Stalin en España. Aunque el propio Trotsky había desautorizado el trabajo del partido de Nin desde Ciudad de México, muchos voluntarios extranjeros que no se unieron a la política de espera de los partidos relacionados con Moscú se fusionaron con la milicia del POUM, que luego acogió no solo a los miembros de la Cuarta Internacional, sino a todo el diverso frente revolucionario disidente de inspiración marxista.

El POUM tenía su sede en Lleida, pero más tarde se trasladó a Barcelona, durante la creación del Comité Central de Milicias Antifascistas en esa misma ciudad, a la que también se unió la CNT-FAI. En agosto de 1936, la dirección de la milicia del POUM acreditó a los primeros voluntarios extranjeros a que fueran a formar la Columna Internacional Lenin, que, a mediados de septiembre, incluía un total de entre 250 y 300 milicianos de diversas nacionalidades, reunidos en un "batallón de choque" dirigido por oficiales alemanes. Entre estos voluntarios se encontraban los aproximadamente 180 combatientes de la *Gauche Revolutionnaire Socialiste* francesa y el ala izquierdista del partido de los trabajadores belgas; menos numeroso, pero bien representado, el grupo italiano reunía a los militantes del Partido Socialista Maximista y el ala izquierda bordiguista del Partido Comunista. La Columna Lenin también agrupaba algunos ingleses del *Independent Labour Party*, incluido uno de los voluntarios más famosos del otro lado del Canal, el escritor George Orwell, que pasó 18 meses en España y dejó testimonio de los acontecimientos de la guerra en el libro *Homenaje a la Cataluña*. La columna trabajó junto con las otras unidades del POUM en Aragón, participando en la lucha en el sector de Huesca, hasta el asalto a las trincheras de Carrascal en

▲ Un grupo de voluntarios extranjeros de la Columna Lenin, perteneciente al Partido Obrero de Unificación Marxista, en el Frente de Aragón en el otoño de 1936 alrededor de una ametralladora francesa Hotchkiss de 7 mm. En el centro de la imagen, el voluntario más destacado es el escritor inglés George Orwell. Según investigaciones recientes, existieron al menos 700 extranjeros militarizados en la milicia del POUM hasta junio de 1937, cuando la organización política de inspiración trotskista fue proscrita por el gobierno de Negrín. Un análisis de una base de datos recogida por Andy Durgan, consultor histórico del director Ken Loach para la película *Tierra y Libertad*, que contiene la biografía de 150 voluntarios extranjeros, hombres y mujeres, muestra al contingente italiano como predominante, seguido de los británicos del *Independent Labour Party* y por alemanes, franceses, belgas y suizos en prevalencia; otros voluntarios vinieron de Argelia, Argentina, Austria, Australia, Brasil, Checoslovaquia, Cuba, Dinamarca, Irlanda, los Países Bajos, Perú, Portugal, Polonia, Rumanía y los Estados Unidos. (*Archivo del autor*)

▶ Vincenzo Tonelli (1916-2009), hasta hace algunos años, el último garibaldino de la Guerra Civil Española, con el nuevo uniforme caqui entregado a las Brigadas Internacionales en la primavera de 1937, que consistía en una chaqueta corta y pantalones anchos que se detenían en los tobillos. Cabe señalar los zapatos estilo alpargatas, a menudo utilizados por los combatientes de ambos bandos para resguardar las botas de las pedregosas tierras de la Península. (*Amable cortesía de la AICVAS*)

abril de 1937. En ese momento, la Columna Lenin se convirtió en la 29.ª División del Ejército Popular, incluyendo voluntarios de al menos una docena de nacionalidades, en su mayoría italianos, alemanes, británicos y franceses. Según encuestas recientes llevadas a cabo por Andy Durgan, al menos 700 voluntarios extranjeros, incluidas muchas mujeres, trabajaban para la milicia del POUM. En la columna internacional trabajó hasta octubre de 1936, con el rango de capitán de la sección motorizada, la comunista argentina Michèle Feldman, también conocida como Mika, compañera del voluntario francoargentino Hyppolite Etchebéhère, que cayó en Sigüenza en agosto de 1936. La sección, descrita en las memorias por el propio Feldmann, incluía «dos camiones, tres turismos, cien hombres y una ametralladora sin engranaje colocada con orgullo en uno de los camiones». Feldman, al igual que otras jóvenes hasta octubre de 1936, se había alzado en armas contra los rebeldes, ganándose la estima de la otra milicia y una reputación como una mujer de carácter de acero, tanto que, a la muerte de Etchebéhère, fue designada jefa de la unidad. Mika dirigió su unidad en el Frente de Madrid, en el sector de la Moncloa, donde el POUM había establecido un batallón, convirtiéndose en una verdadera leyenda revolucionaria y probablemente la única mujer extranjera en tener un papel de liderazgo en un departamento de primera línea de la milicia popular. Entre los extranjeros que jugaron papeles principales dentro de la milicia poumista, el más importante fue el belga Georges Kopp, ingeniero y ex oficial del Ejército, que se convirtió en comandante de un regimiento de la 29.ª División, muy popular en la milicia por su singular y peligroso desdén mostrado en la batalla. Tras los sucesos de mayo en Barcelona, por instigación del PCE y los servicios secretos soviéticos, el POUM fue declarado ilegal y todas sus estructuras se disolvieron por la fuerza a principios de junio de 1937. Desde esa fecha, muchos de los extranjeros de la Columna Lenin tuvieron que apresurarse para salvar la vida y evitar el encarcelamiento o el pelotón de fusilamiento. Solo una pequeña parte, la mayoría de habla alemana, ingresó a las Brigadas Internacionales.

EPÍLOGO

La decisión del gobierno republicano del 30 de septiembre de 1936, que transfería todas las formaciones de la milicia a un comando unificado, causó mucho descontento entre los miembros de las formaciones que se habían producido espontáneamente a raíz del levantamiento. Muchos de los milicianos anarquistas y del POUM, abiertamente antimilitaristas, resistieron a regañadientes la idea de ingresar en un ejército y someterse a órdenes de oficiales impuestas desde arriba. Cuando la confrontación política aumentó en intensidad dentro del bando antifascista, aparecieron otros malentendidos. Dentro de las formaciones cenetistas el debate se hizo incandescente y llegó a involucrar a los líderes del movimiento, como el mismo Buenaventura Durruti y el "coronel delegado" Cipriano Miera, favorables, por diversas razones, a formar una estructura militar capaz de continuar la lucha y lograr la victoria. Además, los modestos resultados obtenidos por la milicia y la alta tasa de pérdidas sufridas en combate requirieron una guía de operaciones diferente. En muchos lugares se enfatizó cómo la incompetencia e irresponsabilidad de los comandos había provocado desastres genuinos, causando la pérdida de muchas vidas humanas; especialmente en el Frente de Aragón, se criticó la conducta inconclusa de las operaciones que causaron el debilitamiento dramático del entusiasmo de los voluntarios reunidos en armas. A pesar de que el Frente de Aragón se había estabilizado, la milicia había sido incapaz no solo de lograr el objetivo del que era responsable, o de la reconquista de Zaragoza, sino que también ciudades más pequeñas, como Teruel y Huesca, todavía estaban en manos del enemigo.

El curso variable de la guerra en los diversos frentes produjo una visión diferente sobre qué ejército formar. La controversia sobre la militarización de las milicias fue subiendo de tono en el Levante, mientras que, en el frente central en torno a Madrid, la dureza de los enfrentamientos había convencido incluso a los más refractarios sobre la necesidad de introducir los métodos y la disciplina de las tropas regulares. Como escribe Michael Alpert en *El Ejército Republicano en la Guerra Civil*, en comparación con los milicianos en Aragón, los de Madrid eran vistos como veteranos endurecidos, que aceptaban estos cambios con menos histeria. La defensa de Madrid representó la primera victoria de las fuerzas republicanas. Después de esta prueba, los líderes de las milicias tenían una idea más clara de la situación y podían tomar conciencia de sus capacidades militares. Sin embargo, incluso en Madrid la Milicia Popular pagó el éxito con la pérdida de importantes líderes, entre ellos la desaparición de Buenaventura Durruti, que fue probablemente la destinada a pesar más en el equilibrio general del frente republicano. Incluso entre los voluntarios extranjeros, la pérdida de im-

portantes líderes forzó lamentos, como el comisario político del Batallón Thaelmann, Hans Beimler, que cayó en la capital española a finales de diciembre de 1936; un personaje capaz de mediar entre las diferentes tendencias y fomentar el diálogo durante las comidas antifascistas. La lacerante confrontación sobre la movilización de la milicia también tuvo repercusiones entre los voluntarios extranjeros, ya que, entre enero y marzo de 1937, casi todos los franceses e italianos se presentaron en la compañía internacional de la recientemente formada 26.ª División (anteriormente Columna Durruti), abandonada como una señal de protesta contra la formación, mientras que otros 20 extranjeros pidieron unirse a la Brigada Internacional. En abril de 1937, la compañía internacional de la columna estaba compuesta solo por dos tercios de alemanes y suizos. Aquellos que decidieron, a pesar de todo, quedarse, exigieron que se aboliera la obligación del saludo militar, el mismo pago para soldados y oficiales, libertad de prensa y discusión y la creación de nuevos consejos por parte de los soldados. La militarización de la milicia continuaba siendo un problema grave, tolerada por la mayoría en espera de nuevas leyes militares. Sin embargo, se estima que al menos mil milicianos abandonaron el Frente de Aragón antes de abril de 1937, como una señal de protesta hacia la orientación posibilista de la CNT. El aumento de repulsión hacia el Ejército contribuía a la creciente influencia de los comunistas, considerablemente mayores desde que llegó a España la ayuda soviética, mientras que, a los militantes anarquistas, junto con otras fuerzas políticas no relacionadas con la Internacional Comunista, les gustaba poco, o nada. Como notó amargamente el voluntario estadouniden-

se Bill Wood de la Columna Durruti en la primavera de 1937, la CNT parecía haber perdido toda influencia sobre el Ejército Popular. Se acusó a los anarquistas de violencia anticlerical ciega y brutal, y de haber presentado intereses personales e ideológicos, es decir, de llevar adelante la revolución en lugar de la causa común de la guerra, y continuar rechazando el marco militar; en última instancia, para beneficiar al enemigo hasta con acusaciones de inteligencia en contra.La violencia puesta en

---

45 *División Internacional* (diciembre de 1937)

Comandante: Coronel Jorge Hans (Hans Kahle)
- División del Estado Mayor:

Transmisiones - Aprovisionamiento y logística - Escuadrón de caballería - Batallón de pioneros - Batería antitanque - Pelotón blindado - Comando de Artillería Divisional (Grupo Skoda *Baller*)

batería *Gramsci*   batería   *Liebknecht* batería *Thaelmann*

XII Brigada Garibaldi:
Comandante: Arturo Zanoni
- Estado Mayor:
logistica – transporte – sanidad – transmisiones;
Batallón *Garibaldi*: 3 cp. fusileros; 1 comp. ametralladoras
Batallón *Figlio*: 4 cp. fusileros;
II Batallón *Italoespañol*: 4 cp. fusileros;
III Batallón *Italoespañol*: 4 cp. fusileros;

XIII Brigada Dabrowski:
Comandante: Jan Barwinski
- Estado Mayor:
Exploracion - logistica – transporte – sanidad – transmisiones;
Batallón *Dabrowski*: 5 cp. fusileros; 1 cp. ametralladoras
Batallón *Palafox*: 4 cp. fusileros;
Batallón *Mickiewicz*: 4 cp. fusileros;
Batallón *Rakosi*: 4 cp. fusileros;
Compañía de ametralladoras;
batería anticarro *Petko Miletic*.

Fuente: Michel Alpert: *El Ejército Republicano en la Guerra Civil*; Carlos Engel: *Historia de las Brigadas Mixtas del Ejército Popular de la República*; Salas Larrazabal : *Historia del Ejército Popular de la República*.

◄ La voluntaria argentina Michèle "Mika" Feldman (1902-1992), segunda a la derecha, entre otros voluntarios en Aragón, que desde agosto de 1936 estuvo al frente de una unidad motorizada de la milicia del POUM, fue una de las muchas jóvenes que lucharon con sus compañeras en los primeros meses de la Guerra Civil. Feldman era con toda probabilidad la única extranjera con un puesto de mando en Milicia Popular, al que tuvo que renunciar después del proyecto de ley del gobierno de octubre de 1936, que prohibía a las mujeres servir en primera línea. De sus experiencias de guerra dejó una gran cuenta, publicada por primera vez en Francia, donde Mika se había establecido en el período de posguerra trabajando como traductora para las Naciones Unidas. *(Archivo del autor)*

◄◄ Margarita Nelken Mansberger, intelectual española y revolucionaria. Un destacado exponente del movimiento feminista.

▲ Ernest Hemingway con los intelectuales soviéticos y alemanes Ilya Ehrenburg y Gustav Regler, posiblemente trabajando en la película de propaganda The Spanish Earth, 1937. (JFKLibrary, Public Domain)

marcha por algunas unidades incontrolables había perjudicado, sin duda, a la CNT-FAI, pero los horrores de la Guerra Civil y la destrucción implacable del enemigo no eran exclusivos de los anarquistas, que, junto con las otras fuerzas políticas, habían luchado arduamente desde el primer momento. La propaganda de los partidos vinculados al PCUS levantó la lucha contra las formaciones políticas más radicales, hasta que la visión clásica del extremismo y la influencia negativa que tuvo en el Ejército se extendieron en la alineación republicana. En resumen, los anarquistas, y en general todos los antiestalinistas, se convirtieron en el foco de campañas difamatorias y terminaron convirtiéndose en chivos expiatorios listos para ser eliminados físicamente. Incluso la iniciativa del Komintern para crear las Brigadas Internacionales fue vivida por los anarquistas y trotskistas como otro intento de extender el dominio del Partido sobre el Ejército, ya que, entre los extranjeros que estaban en España, muchos otros se adhirieron a nuevas unidades, o se le pidió permiso para abandonar la milicia o simplemente renunciaron a ir a las Brigadas. Después de todo, es comprensible que esto sucediera, si consideramos que los suministros regulares y las armas más modernas solo llegaban a las unidades orgánicas de la política de Stalin. Cuando el gobierno de Largo Caballero cayó y se formó un nuevo gabinete encabezado por Juan Negrín, la propaganda de Moscú destruyó la credibilidad y la reputación de los anarquistas y otros disidentes bajo las directrices de la Internacional Comunista, lo que hizo que la policía política usara la mano de hierro y favoreció la eliminación de los líderes rivales, generando una controversia que, de hecho, aún no ha cesado. Los conflictos, que explotaron casi en todas partes, deterioraron irreparablemente la cohesión política del bando antifascista. Algunas advertencias sobre la dificultad de coexistencia política entre los voluntarios extranjeros ya habían ocurrido en enero de 1937, aunque era una cuestión menor en comparación con lo que sucedió después. Sucede que una parte de los italianos presentes en la Centuria *Giustizia e Libertà* se separó de la Columna Francisco Ascaso de la CNT, debido a las disensiones surgidas por la elección de un oficial. De hecho, el miliciano Ottorino Orlandini, miembro del *Partito Popolare*, había sido propuesto como oficial de la centuria italiana por Carlo Rosselli, pero a su nombramiento se opusieron otros a los que no les gustaban los comandantes católicos, y alguien acusó al candidato de Rosselli de estar comprometido en Italia con los fascistas y se llegó a dudar de su buena fe. Por esta y otras razones, Rosselli dimitió de mando y unos 50 voluntarios italianos partieron de la columna para formar una unidad independiente, que tomó el nombre de Centuria Matteotti y fue absorbida por el contingente internacional de la Columna Durruti, que más adelante pasarían en mayoría al Batallón Garibaldi de las Brigadas Internacionales. La diversidad de la orientación ideológica que caracterizó toda la implementación republicana generó un sinfín de problemas, pero estos tenían más peso en la retaguardia y en la cúpula militar, porque en el frente había una cohesión y un espíritu de colaboración admirable entre los combatientes, donde la afiliación política, finalmente, terminó eclipsando el compromiso contra el enemigo común. Fieles a sus convicciones, muchos de los que habían llegado a España en los primeros días de la guerra, lucharon más por ideales revolucionarios que en defensa del gobierno de Madrid, que, abrumado por la rivalidad política, los acusaría de ser enemigos del pueblo y los perseguiría como espías fascistas.

▼ Una instantánea tomada en Madrid en julio de 1936, que muestra la distribución de equipo militar a la milicia y sugiere la rapidez con que se realizó la dispersión del material encontrado en los arsenales extraídos a los sublevados. *(Archivo del autor)*

2 - LAS BRIGADAS INTERNACIONALES

A principios de otoño de 1936, era común encontrarse con un buen número de extranjeros en las calles de España. La mayoría de ellos eran jóvenes trabajadores, pero también agricultores, estudiantes e intelectuales, todos ellos dirigiéndose al mismo destino: Albacete. La mayoría había ingresado en territorio español desde los pasos fronterizos a lo largo de los Pirineos, pero otros habían llegado a los puertos de Barcelona y Cartagena después de embarcar en Marsella. Estos voluntarios se habían reunido a través de las iniciativas de los comités de apoyo a la causa republicana, cuyos exponentes habían denunciado la agresión de las fuerzas rebeldes en las principales ciudades de Europa. La propaganda interesó, en primer lugar, en la vecina Francia, en Bélgica y en Gran Bretaña, y estaba dirigida principalmente a las clases trabajadoras y los círculos de izquierdas, con el fin de crear conciencia entre las masas en nombre del internacionalismo militante. El mecanismo ya había comenzado a fines de julio, cuando se llevaron a cabo manifestaciones en Francia y Gran Bretaña en apoyo de la República y surgieron los centros coordinados por el *Comité International de l'Aide au Peuple Espagnol*. Inicialmente, los comités estaban patrocinados por el Gobierno español, a través de organizaciones políticas que apoyaban la República, y proponían obtener no solo ayuda material, sino también ampliar el consentimiento de los ciudadanos de los países vecinos, para que presionaran a los gobiernos a apoyar el esfuerzo militar de la República. Pronto las conferencias organizadas por los españoles se unieron a iniciativas similares, casi siempre bajo los auspicios del Komintern, para encontrar voluntarios y formar una milicia internacional en apoyo del gobierno elegido legítimamente. Para ampliar la iniciativa, se le pidió a Willy Münzenberg, un comunista expatriado alemán de la URSS, que planificara una campaña de propaganda a favor de la España republicana, que involucraba al frente antifascista mundial. Aprovechando el sentimiento común de pertenencia de clase, el trabajo de propaganda dio buenos resultados y los voluntarios comenzaron a llegar de casi todas partes, empezando por Francia, donde residían muchos expatriados antifascistas italianos y otros países europeos, en los que a la izquierda no se le permitía ninguna actividad política, como Polonia. La actividad de los funcionarios dirigidos por Moscú se llevó a cabo de manera semiclandestina, ya que en el bando soviético era necesario no exponerse abiertamente, teniendo en cuenta que en agosto de 1936 la orientación principal de la política internacional era el permanecer neutral y el no brindar apoyo a ninguno de los bandos en la lucha. Solo después de que se estableciese que Hitler y Mussolini estaban enviando hombres y medios para apoyar a los nacionalistas, la resistencia fue menor, y desde Moscú aumentó en intensidad el flujo de ayuda para apoyar a la República, incluido el envío de armas y la llegada de los primeros voluntarios coordinados por el Komintern y la organización sindical análoga del Profintern. La formación en Madrid de un nuevo gobierno a comienzos de septiembre de 1936, presidido por Largo Caballero y más orientado a la izquierda, dio un nuevo impulso a la máquina de propaganda del Comité Internacional, que extendió sus actividades para organizar recaudaciones de fondos en Canadá y en los Estados Unidos. El 27 de agosto, Moscú había acreditado a su embajador en Madrid, acompañado por una gran multitud de agentes de contrainteligencia y asesores militares, incluidos los generales Berzin y Goriev. A fines de octubre de 1936, el primer barco soviético cargado de provisiones atracó en Barcelona: una bocanada de aire fresco para la República. Todo el material enviado desde Moscú fue pagado por los españoles con el oro de las reservas del Estado.

Pero desde el punto de vista militar, fue México, juntamente con Francia, y no la Unión Soviética, los que primero acudieron al rescate de Madrid. El ministro de aviación, el socialista Pierre Cot, venció la obstinación del primer ministro francés León Blum, que dudaba en permitir la intervención directa de su país, y a fines de julio de 1936, dio instrucciones para enviar aviones y pilotos a España, apoyado por exponentes prominentes de la izquierda como el escritor Andrè Malraux y el diputado Julien Boussutrot, que se ofreció a encontrar pilotos voluntarios para formar la *Escadrille d'Espagne*. Sin embargo, el flujo de ayuda de Francia se interrumpió muy pronto, ya que, a mediados de agosto, el Gobierno de París se unió al Acuerdo de No Intervención, cerrando las fronteras e impidiendo el tránsito de armas destinadas a la República en su territorio. A pesar de esto, a través del Gobierno francés, el Gobierno de Madrid tuvo éxito en mantener abierto un canal de ayuda extremadamente importante, aunque con gran dificultad. De México llegaron principalmente material de guerra ligero, como los miles de fusiles Mexicanski (los Mosin-Nagants fabricados en Estados Unidos por Remington para el ejército zarista y luego vendidos a México) con los que el Gobierno republicano logró equipar a muchos de sus soldados. El país centroamericano también se presentó como una ruta de tránsito útil para sortear el embargo estadounidense, especialmente por las preciosas piezas de repuesto del armamento pesado y la aviación. Esporádicamente, llegaban suministros de armas a la República a través de las formas más tortuosas, desde Polonia, desde Paraguay y desde Estonia.

EL RECLUTAMIENTO

El armamento, aunque muy importante, no era suficiente sin un número adecuado de instructores y el apoyo de tropas curtidas, algo que el gobierno republicano no poseía en esas semanas. A excepción de la Guardia Civil catalana, la mitad de las fuerzas armadas y la seguridad pública estaban bajo el control de los rebeldes. El marco de la estrategia republicana fue particularmente crítico dado que casi ninguno de los oficiales leales, y prácticamente ningún soldado, tenía experiencia de combate, mientras que los insurgentes podían desplegar veteranos del Tercio (la Legión Extranjera) con el resto del Ejército de África, veteranos de la Campaña de Marruecos. Para empeorar la situación general, contribuyó el hecho de que la mayor parte del armamento pesado estaba en posesión de los rebeldes y, finalmente, la aviación, que pasó casi en sentido completo a manos nacionalistas, tan solo se veía en parte compensada por la Marina, la mayoría de la cual permaneció leal a la República. Aún más decisivo para los sublevados fue la mayoría absoluta en su despliegue de oficiales intermedios, lo que dejó al bando republicano mucho más desprovisto de comandantes de campo capaces de guiar eficazmente a las tropas en la batalla. Hacia finales de septiembre, los rebeldes avanzaban rápidamente hacia Madrid y, según la opinión de los observadores extranjeros, sin una intervención aún más sustancial del exterior, el final de la República sería cuestión de semanas. El impulso decisivo de establecimiento de unidades *ad hoc* para enviar a España surgió de este marco de eventos, y entre ellos las Brigadas Internacionales constituyeron la contribución más importante, ya que el creciente flujo de voluntarios, que a través de mil riachuelos habían viajado a la Península desde las primeras horas de la Guerra Civil, pudo enmarcarse en poco tiempo en una fuerza armada bien entrenada y dirigida por oficiales preparados. Para el Komintern y para Moscú, la formación de las Brigadas representaba básicamente la posibilidad de luchar de forma autónoma en España y disponer de un cuerpo militar para participar en la guerra. Las Brigadas eran vistas con razón como el símbolo de la solidaridad internacional hacia la causa justa, la demostración de que los trabajadores de todo el mundo estaban dispuestos a morir para detener el avance del fascismo. En cualquier caso, el Komintern, de acuerdo con las directrices de su máximo responsable, Georgi Dimitrov, trató de ocultar este trabajo de reclutamiento el mayor tiempo posible, de modo que las Brigadas Internacionales parecieran ser el fruto de un movimiento espontáneo. Después de todo, la afluencia de voluntarios a España siguió involucrando a muchos comunistas en un abierto desacuerdo con Moscú, especialmente entre los alemanes, que habían venido en aumento en España desde las primeras etapas de la Guerra Civil; de hecho, muchos de los que se habían congregado en Barcelona desde el verano de 1936 habían elegido unirse a las milicias revolucionarias de tendencia anarquista y de inspiración trotskista, todas unidas por la convicción de que el Komintern había traicionado a la revolución y que ahora estaba al alcance de España. Ahora, apoyando el proyecto de las Brigadas Internacionales, Stalin podría recobrar las simpatías de los comunistas de todo el mundo y recuperar un consenso que parecía empañado después de su conversión a la política del Frente Popular, y a la vez parecer ante los gobiernos liberales como interlocutor capaz de prevenir una escalada de empujes revolucionarios. Efectivamente, a través de las Brigadas, Moscú logró extender su influencia sobre los movimientos de izquierdas, especialmente en aquellos donde aún no existían partidos comunistas, o eran insignificantes, como en los Estados Unidos.

En un intento por disfrazar la verdadera actividad, los centros de reclutamiento establecidos por organizaciones antifascistas se ubicaban en lugares inesperados: bares, restaurantes, talleres, casas privadas, y hoteles; pero en Francia, ya en los primeros meses de 1937, había centros de acopio para voluntarios que trabajaban más o menos a la luz del sol. En París, la base principal estaba en la sede del Partido Comunista Francés, en la Rue de la Favette 128; otras oficinas conectadas con esta se encontraban en el *Comité de Paris* en la Rue Mathurin-Moraeu y en la sede del sindicato, mientras que otros lugares de reclutamiento estaban activos en varias partes de la ciudad, como el *Café de Madrid* y el *Café Petit Lyon*. A finales de enero de 1937, se podían contar cincuenta centros de reclutamiento en toda Francia, los más importantes de los cuales estaban en Perpiñán, Toulouse y Marsella. Fuera de Francia, había un centro de reclutamiento en Lille en la *Maison des Syndacates* de Valonia. Si en Francia y Bélgica las autoridades hacían la vista gorda, no sucedía lo mismo en países donde la ayuda al Gobierno español era mal tolerada, como en Gran Bretaña y Estados Unidos, o estrictamente prohibida, como en Europa central. El Komintern, sin embargo, pudo establecer una red secreta para ayudar a los voluntarios a abandonar el país ilegalmente. Los directores de esta operación fueron el líder comunista suizo Jules Humbert-Droz y el entonces desconocido Josip Broz, el futuro mariscal Tito. El propio Leon Chajin hizo lo mismo en Polonia, donde favoreció la afluencia de sus compatriotas hacia París a través de Praga. En la frontera francoespañola, el Komintern estableció antes de fines de 1936 una oficina dirigida por el italiano Giulio Cerreti, para acelerar la afluencia de voluntarios. En Londres, muchos sabían que en la oficina del Partido Comunista de Gran Bretaña, ubicada en King's Street, uno podía alistarse para España. Entre otras cosas, se consideró que era muy importante el tránsito desde Inglaterra, porque para llegar a Francia no se necesitaba pasaporte. En otros lugares del Reino Unido, estaban abiertos los centros de acopio para ayuda material y voluntarios. En Liverpool, actuó como coordinador Jack Jones, un concejal del *Labour*, futuro voluntario de las Brigadas Internacionales y comisario político del Batallón Británico Saklatvala. En los Estados Unidos, el partido comunista local dirigía a sus voluntarios a Nueva York, donde se embarcaban hacia Francia destino Marsella. Antes de llegar a España y ser considerados aptos, los reclutas se sometían a controles e interrogatorios, sin embargo, al principio no se prestaba mucha atención a la ortodoxia política de los voluntarios y, además, desde el punto de vista del Komintern, los reclutas se podían convertir y regular más adelante. En general, se buscaban voluntarios con experiencia militar o que, de todos modos, poseyeran buenos requisitos físicos. Sin embargo, se tuvo cuidado de no reclutar simpatizantes de la Cuarta Internacional de Trotsky, o se aseguró de que no tuvieran vínculos con las fuerzas policiales, como se requería a los voluntarios canadienses, que tenían que demostrar que no habían militado en la *Mounted Police*. Los reclutas no siempre cumplían las expectativas y, en algunos casos, llegaban a los centros de acopio ancianos, delincuentes, u otras personas que seguían afligidas por una discapacidad. Al tener que actuar con una cierta discreción, el "boca a boca" entre los miembros del partido era de cierta importancia. Para encontrar reclutas también se recurría a métodos no del todo ortodoxos, como le sucedió al voluntario estadounidense Moses Fishmann, quien, rechazado por carecer de requisitos físicos, fue luego aceptado por traer, según lo solicitado, otros diez reclutas. Si los que provenían de países "libres" podían ingresar en España con relativa facilidad, los voluntarios que residían en países como Italia, Alemania y Austria, se veían obligados a emprender viajes arriesgados con un resultado a menudo incierto, como le sucedió a un grupo de toscanos "subversivos" en el verano de 1936: «El miércoles pasado [29 de agosto de 1936] a las 3 de la tarde -se leía a principios de septiembre en *La voce degli Italiani*, un boletín antifascista impreso en París- un velero entró al puerto de Macinaggio en Córcega. Llevaba cinco italianos a bordo, uno de cincuenta y el otro muy joven, que afirmó haber huido de Italia». Los cinco fugitivos habían salido de Castigliane della Pescaia la noche del 27 al 28 de agosto en un barco comprado con el dinero de una suscripción entre los antifascistas de Grosseto: «Los cinco italianos -continuaba *La Voce*- fueron arrestados y, a la misma noche de su llegada, transportados a Bastia por parte de la gendarmería local. Después de un breve interrogatorio, fueron liberados, pero permanecen disponibles a la policía, en espera de nuevas instrucciones». Los cinco prófugos declararon al corresponsal del periódico ser antifascistas y «sin un centavo en el bolsillo». Rechazadas las invitaciones del capitán de la Gendarmería a alistarse en la Legión Extranjera, los aspirantes a voluntarios lograron llegar a Ajaccio de alguna manera y desde allí, gracias a un comunista corso, hicieron contacto con el Partido Comunista Italiano en París. De uno en uno fueron transmitidos a tierra firme, desde donde partieron hacia Albacete; solo el mayor, a pesar de las repetidas protestas, fue detenido en Francia porque era ciego de un ojo. Otra opción peligrosa para llegar a las Brigadas Internacionales la eligieron los reclutas Edmondo Della Vedova y Siro Rosi, enviados a España en febrero de 1937 con los *Corpo Truppe Volontarie* fascistas, pero desertaron en el siguiente mes de abril para trasladarse a las Brigadas Internacionales. El mismo método fue utilizado por un alemán de la Legión Cóndor, alistado en la compañía judía del Batallón Palafox. Fue la opción más arriesgada, ya que la deserción era castigada con la pena de muerte y también exponía a las familias de los fugitivos a la represalia del régimen. No se puede determinar exactamente cuántos miembros del contingente enviado por Mussolini desertaron y a continuación se unieron a las Brigadas Internacionales, pero no se trata de un fenómeno aislado, al menos, a juzgar por los informes de los informantes de la policía fascista; y en Francia, en el campo de refugiados de Brigadas Internacionales, se identificó una docena de ex soldados del CTV. Los pasos fronterizos franceses continuaron hasta otoño de 1936 por las principales rutas de acceso para llegar a España y, durante algún tiempo, los guardias fronterizos franceses no obstaculizaron el tránsito de los voluntarios que, en tren o por correo, se presentaron a las aduanas. Al principio, muchos voluntarios relataban que los hombres de la Gendarmería respondían al saludo con el puño cerrado, luego, con el ajuste de los controles en la frontera, fue necesario aventurarse a pie en los senderos de la montaña, o esperar al abordaje en un barco español que clandestinamente transportaba voluntarios de Marsella a Barcelona o a Cartagena. Pero incluso esta ruta era arriesgada, porque desafiaba en abierto el bloqueo naval impuesto por los submarinos de Roma y Berlín, y culminó con el hundimiento del barco a vapor *Barcelona* en mayo de 1937, con la muerte de más de 500 voluntarios. La ruta a través de los Pirineos partía de Perpiñán, donde los voluntarios ofrecían la Casa del Pueblo del PCF y el antiguo hospital militar como hotel; luego, reunidos en grupos de veinte a la vez, esperaban a que los camiones o los mensajeros se dirigieran al puesto fronterizo de Figueras, cruzando la frontera con la complicidad de los oficiales de aduanas y la gendarmería francesa. Una vez en territorio español, los voluntarios se alojaban uno o dos días en las instalaciones de la antigua fortaleza de Figueras, antes de partir en tren a Albacete.

El pago de compromiso que cada voluntario ganaba una vez alistado era de 12 pesetas por día. Sin las debidas proporciones con el cambio de entonces -1 peseta equivalía, por ejemplo, a 2,22 liras italianas- la paga no era despreciable, sin embargo, parecía ridícula si se compara con lo que recibían, por ejemplo, las tropas italianas del CTV. Además de los oficiales, que se beneficiaban de una asignación especial al comienzo y luego una mensual que aumentó con el tiempo, un simple teniente italiano en el cuarto mes de servicio recibía 707 liras, más 73 liras diarias, mientras que cada soldado recibía 20 liras extra por todos los días de servicio en España. Finalmente, si pensamos que en el mismo período un maestro de escuela secundaria ganaba 800 liras al mes en Italia y un maestro de primaria, 550 liras, la comparación con la compensación de un voluntario de las Brigadas Internacionales se vuelve despiadada. Uno de los problemas que se intentó disimular fue la duración de la estancia, inicialmente establecida en seis meses de servicio, excluyendo el período de instrucción, programado para dos a cuatro semanas. Pero la guerra duró más de lo imaginado por los líderes de Albacete y más tarde, el 27 de septiembre de 1937, el Gobierno publicó un decreto que contenía los 20 artículos del Estatuto de las Brigadas Internacionales, done la duración del servicio no se especificaba claramente. Simplemente se indicaba en el párrafo 20 un «hasta el fin de la campaña actual" muy genérico. La ambigüedad de los términos de permanencia bajo las armas representaba la causa de múltiples problemas y una fuente de constante descontento entre los voluntarios que deseaban cerrar su experiencia en España. Un voluntario suizo le dijo a su comandante: «He venido a luchar por mi propia voluntad y de la misma manera me iré de aquí cuando lo considere oportuno». Con la continuación de la guerra, se hizo cada vez más difícil reclutar nuevos voluntarios en el extranjero para cubrir las pérdidas sufridas en la batalla, tanto que, después de julio de 1937, o después de la Batalla de Brunete, las Brigadas se componían en un promedio de un tercio y dos quintos de reclutas españoles. De los refuerzos enviados a las Brigadas a principios de agosto de 1937, estimados en unos 4.800 hombres, solo un tercio eran extranjeros. Según un oficial superior de la XI Brigada, Ludwig Renn, se encontraban reclutas españoles en la unidad ya en enero de 1937; mientras que para Giovanni Calandrone, desde abril de 1937, la Batería Thaelmann y los tres batallones Garibaldi, Dombrowski y Rakosi se habían completado con reclutas locales, en particular los dos últimos, ahora solo con la mitad de porcentaje internacional. En el siguiente agosto, un artículo del *New York Times* afirmaba que las Brigadas Internacionales desplegaron 15.308 hombres, de los cuales 7.171 eran españoles. Un año después, en un informe escrito por Luigi Longo, se declaró que la presencia internacional dentro de las brigadas ascendía al 35% del total. La afluencia de reclutas al otro lado de la frontera, cada vez más pequeña, solo podría corregir, pero no revertir, la tendencia de que el contingente local creciera en las brigadas. Entre los motivos de este descenso se encuentran indudablemente las noticias desfavorables provenientes de España. Las derrotas republicanas se añadieron a la polémica tras los disturbios y la represión ocurridos en Barcelona y tal vez las historias de algunos veteranos, cuyas experiencias en España no habían parecido otra cosa que una aventura romántica. Aunque las dificultades existentes para superar la frontera franco-española eran en parte un impedimento para aquellos que querían llegar a España, fue el fracaso de la ofensiva de Brunete el que marcó una línea de demarcación clara en la historia de las Brigadas Internacionales, y a partir de julio de 1937 el declive de los voluntarios se hizo cada vez más marcado y acompañado por el crecimiento del descontento, especialmente entre aquellos que pensaban que había terminado el período de servicio, y en lugar de ello se vieron obligados a permanecer en las filas. Los líderes del Komintern se dieron cuenta de que era muy difícil mantener el compromiso de conseguir suficientes reclutas en España para mantener vivas a las brigadas, teniendo en cuenta que organizaciones eficientes como el Partido Comunista de Italia en el exilio enviaron al frente en febrero 1938 solo 34 voluntarios en lugar de los 400 al mes que habían garantizado un año antes. La escasez de voluntarios extranjeros obligó al Estado Mayor de las Brigadas Internacionales a revocar los permisos y a alistar a reclutas en la retaguardia y en los hospitales, dejando a los convalecientes en primera línea. El imponente bloque de propaganda establecido en todo el mundo había agotado su impulso: los voluntarios que volvían a casa hablaban sobre el infierno de los campos de batalla y la severa disciplina impuesta dentro de las unidades. Después de la Segunda Guerra Mundial, muchos historiadores occidentales reunieron estos testimonios en una clave anticomunista, magnificando algunos de los eventos negativos concernientes a los voluntarios para disipar el mito de las Brigadas Internacionales. Pero si la creación de las brigadas se debió esencialmente a la iniciativa de los partidos comunistas leales al Komintern, esto no significa que los voluntarios deban

▲ Insignia perteneciente a el 2.º Batallón "México" de Milicias Antifascistas de Málaga dentro de la Centuria Thaelmann, con fondo rojo e inscripciones en amarillo. La alusión a México es en honor a uno de los pocos países que desde el primer momento ayudó a la República, aunque la unidad estaba compuesta por voluntarios españoles, y no del país centroamericano. Aún y así, muchos mexicanos lucharon como voluntarios en el Ejército español; uno de los más conocidos fue el comandante de la LXIX Brigada Mixta en el Frente de Madrid, Eleuterio Ruiz, conocido como El Meji. (*Catálogo de la exposición Voluntarios de la Libertad, Las Brigadas Internacionales, Asociación de Amigos de las Brigadas Internacionales. Albacete, 1999*)

ser considerados como títeres de Moscú. La historiografía conservadora ha insistido mucho en esta representación de la realidad, una tendencia que alcanzó su apogeo en la década de los noventa. Sin embargo, no sería justo poner las responsabilidades de Stalin y los errores catastróficos cometidos por el Komintern en España, con el idealismo y el ímpetu heroico de quienes sacrificaron la comodidad, la seguridad y, a menudo, la vida, para defender la democracia. El legado más importante que dejaron los brigadistas y los voluntarios internacionales es el de aquellos que, en primer lugar, y contrariamente a las cancillerías de los países democráticos, percibieron el peligro representado por el nazismo y el fascismo, a los que se opusieron.

ORGANIZACIÓN, LOGÍSTICA Y ENTRENAMIENTO

La ciudad designada para recibir voluntarios internacionales fue Albacete, una pequeña ciudad al sur de Madrid, donde se instaló el comité central de las Brigadas Internacionales a mediados de octubre, formado por los italianos Mario Nicoletti (Giuseppe Di Vittorio) y Luigi Longo, el alemán Hans Kahle, el francés Rouquès y Rébière, el polaco Wisniewski y el yugoslavo Kalmanovic, seguidos unas semanas más tarde por los franceses André Marty y Vital Gayman, inicialmente nombrados como consultores, pero, más tarde, sobre todo, como la cumbre militar y operativa de las Brigadas. Una delegación internacional fue acreditada ante el Gobierno central, donde la resistencia inicial del primer ministro Largo Caballero parecía enterrar el proyecto de Albacete, ya que la idea de albergar una fuerza militar autónoma y fuera del control del Estado Mayor republicano era vista como una interferencia flagrante en los asuntos internos. Los intentos del Gobierno español de integrar las Brigadas Internacionales en el Ejército republicano fueron un duelo entre el Komintern y el gabinete de Largo Caballero que duró mucho tiempo. Pero la ayuda que las Brigadas Internacionales ofrecían a la República era demasiado importante y, por lo tanto, el 22 de octubre, la base de Albacete inició oficialmente su actividad. El Gobierno aceptó la iniciativa internacional esperando resolver el asunto a su debido tiempo.

Durante noviembre y diciembre de 1936, el flujo de combatientes se mantuvo constante, llegando a casi 800 hombres a la semana, de modo que los sectores asignados a los brigadistas se ocuparon en un tiempo relativamente corto por cientos de voluntarios. El primer problema al que se enfrentaron los líderes de la base de Albacete fue la preparación de los hombres y su hospitalización en el cuartel militar. Para acomodar el creciente número de reclutas que llegaban a la base, se tuvieron que requisar numerosos edificios para convertirlos en oficinas, almacenes, alojamientos y aulas a toda prisa. El problema de la vivienda era el más urgente de resolver, ya que los tres cuarteles de la ciudad podían albergar a un máximo de 3 a 400 hombres, mientras que, en uno de ellos, suficiente para un máximo de 200 personas, se apretujaron hasta noviembre 1500 voluntarios. La emergencia obligó a los líderes de Albacete a solicitar el permiso del Gobierno para descentralizar a los hombres a los pueblos vecinos de Casas Ibáñez, Mahora, Madrigueras, Tarazona de la Mancha, Fuentealbilla, Almansa, Chinchilla, La Roda, Quintanar de la República (hoy del Rey) y Villanueva de la Jara. Otro problema importante era la comida, ya que las cocinas que existían en las instalaciones podían alimentar a mil hombres como máximo, de modo que cada vez se repartían más cupones de alimentos a los reclutas en la ciudad. Para complicar las cosas, surgió cierta oposición también en los diferentes gustos culinarios de las muchas nacionalidades presentes. Más tarde, en junio de 1937, para resolver este inconveniente, una circular informaba a todos los voluntarios extranjeros que, para hacer frente a las necesidades diversas de los alimentos, se abstendrían de pagar 3 pesetas diarias. En las primeras semanas, el servicio logístico trabajó entre mil obstáculos y dificultades, obligando a los gerentes de la base a recurrir a mil trucos para hacer frente a las continuas emergencias.

En los distritos que se les asignaban, los voluntarios eran distribuidos en pelotones, se alojaban y recibían entrenamiento, por lo que eran enviados a las compañías y, finalmente, a los batallones. A menudo, el primer oficial que se encontraban no era el comandante de unidad, sino el comisario político. La marcada visión ideológica que el Komintern tenía del Ejército le dio a la figura del comisario político una gran importancia, considerándola un elemento fundamental de la organización militar. El adoctrinamiento comenzó con los mismos comisarios, sometidos a la comisaría política de la sede de las Brigadas, dirigida durante los primeros tres años por Luigi Longo. Cada unidad tenía su propio comisario, por lo que los comisarios políticos de la compañía estaban subordinados a los del batallón y, finalmente, a los de la brigada. La tarea principal de los comisarios consistía en el adoctrinamiento de las tropas, en el mantenimiento de la disciplina y se daba, por supuesto, la más alta prioridad a la correcta orientación ideológica de los voluntarios. Los comisarios tenían que preparar a las tropas antes de los combates para explicar la importancia militar, estratégica y política de la acción a emprender, subrayar los problemas a los que deberían enfrentarse y responsabilizarlos por la tarea que se les exigía. Los resultados del trabajo del

INTERNATIONAL BATTALIONS (Gráfica original en italiano)

N°		data formazione:	battaglione:	nazionalità:	brigata:	scioglimento:
1	*41*	22 ottobre 1936	Edgar Andrè	germanici, austriaci	XI	23 settembre 1938
2	*56*	22 ottobre 1936	Commune de Paris	francesi, belgi	XI – XIV	23 settembre 1938
3	*45*	22 ottobre 1936	Garibaldi	italiani	XI – XII	23 settembre 1938
4	*49*	22 ottobre 1936	Dabrowski	polacchi, ungheresi, cecoslovacchi	XI – XII - XIII	23 settembre 1938
5	*43*	22 ottobre 1936	Thaelmann	germanici,belgi,olandesi,scandinavi britannici	XII – XI	23 settembre 1938
6	*46*	9 novembre 1936	André Marty	francesi e belgi	XII – CL - XIV	23 settembre 1938
7	*47*	10 novembre 1936	Louise Michel	francesi	XIII	6 gennaio 1937
8	*48*	1 dicembre 1936	Tchapaief	jugoslavi, polacchi, rumeni, bulgari, ungheresi	XIII	5 agosto 1937
9	-	15 dicembre 1936	Nueve Naciónes	multinazionale	XIV	4 gennaio 1937
10	*50*	15 dicembre 1936	Henry Vuillemin	francesi	XIII - XIV	27 maggio 1938
12	-	15 dicembre 1936	La Marseillaise, poi Ralph Fox	francesi, britannici	XIV	26 maggio 1938
13	*53*	19 dicembre 1936	Henry Barbusse	francesi	XIV	23 settembre 1938
28	-	21 dicembre 1936	Vaillant-Couturier	francesi, belgi, germanici	XIV	23 settembre 1938
16	*57*	22 dicembre 1936	British	britannici	XV	24 settembre 1938
17	*58*	10 gennaio 1937	Abraham Lincoln	statunitensi e canadesi	XV	24 settembre 1938
18	*59*	30 gennaio 1937	Dimitrov	multinazionale	XV - CXXIX	16 ottobre 1938
20	-	15 marzo 1937	Veinte	multinazionale	LXXXVI	10 gennaio 1938
24	-	5 aprile 1937	Español	sudamericani	XV	6 maggio 1938
15	*55*	5 aprile 1937	Six Fevrier	francesi, belgi	XV - XIV	26 maggio 1938
27	-	10 aprile 1937	Djure-Djakovic	jugoslavi	CL - CXXIX	16 ottobre 1938
-	-	1 maggio 1937	Hans Beimler	germanici, olandesi, svizzeri, belgi	XI	10 maggio 1938
-	-	1 maggio 1937	I Italoespañol, oppure *Figlio*	italiani e spagnoli	XII	23 settembre 1938
-	-	1 maggio 1937	II Italoespañol	italiani e spagnoli	XII	23 settembre 1938
-	-	14 maggio 1937	George Washington	statunitensi	XV	2 luglio 1937
21	*51*	27 maggio 1937	Rákosi Mátyás	ungheresi	CL - XIII	23 settembre 1938
19	-	18 giugno 1937	Zwölfte Februar	austriaci	XI	23 settembre 1938
23	*52*	28 giugno 1937	Palafox	polacchi, jugoslavi	XIII	23 settembre 1938
22	-	29 giugno 1937	Mackenzie-Papineau	canadesi	XV	24 settembre 1938
14	*54*	30 settembre 1937	Pierre Brachet	belgi	XIV	29 maggio 1938
-	-	15 ottobre 1937	III Italoespañol	italiani e spagnoli	XII	6 maggio 1938
25	-	27 ottobre 1937	Mickiewicz	polacchi	XIII	23 settembre 1938
26	-	8 febbraio 1938	Mazarik	cecoslovacchi	CXXIX	16 ottobre 1938

In neretto il numero conferito al battaglione all'interno delle Brigate Internazionali dal comando di Albacete; in *corsivo* quello attribuito in un secondo momento dallo stato maggiore dell'esercito repubblicano.

comisario variaban de acuerdo con su capacidad y si era un hombre valiente e inteligente podía obtener el respeto de los hombres y su disposición a escuchar y seguir sus instrucciones. Por lo tanto, podemos entender que la elección de los comisarios políticos se llevó a cabo con gran cuidado, dada la importancia de su trabajo de preparación psicológica de las tropas, capaz de convertirlas en un bloque homogéneo y forjado para el combate. La imagen del comisario político pedante y fanático no siempre se ve reflejada en la historia de las Brigadas Internacionales, y muchos pagaron su trabajo con la vida. Durante la Batalla de Brunete, la XIII Brigada perdió ocho de los diez comisarios, muertos o heridos en combate. En Fuentes de Ebro, el comisario político del Batallón Mackenzie-Papineau fue derribado por una ametralladora mientras instaba a sus hombres a atacar. En algunos casos, la figura del comisario político asumía tal importancia que se le consideraba casi más importante que los propios comandantes de la formación. Dadas estas premisas, está claro a veces había diferencias entre las opiniones de los comisarios y las de los otros oficiales, pero por otro lado se consideraba absolutamente necesaria la presencia de los comisarios, dada la influencia que podían tener en la moral de los hombres, en su eficiencia en combate y, especialmente, en la disciplina interna de las unidades, que era difícil de imponer a una masa de combatientes que provenía de las filas del comunismo, el socialismo y, en algunos casos, de los movimientos más radicales. Si la obediencia y la autoridad impuesta a los soldados eran símbolos de la opresión del capitalismo, la disciplina interna de las formaciones tenía que presentarse de manera diferente en un ejército proletario. Muchos de los voluntarios, especialmente los jóvenes idealistas, habían corrido a España con la esperanza de unirse a un ejército democrático, basado en los conceptos de libertad, igualdad y fraternidad, mientras que la intención de la policía política parecía ser la de crear un "ejército burgués". Pero Albacete nunca ocultó que la implementación de métodos disciplinarios, incluso muy severos, era una dificultad que el Ejército republicano tuvo que superar para ganar la guerra. Las diferencias de opinión sobre este y otros temas generaron a veces algunos problemas, lo que

▶ Los puestos ocupados por las XI y XII Brigadas Internacionales al término de los combates en las afueras de Madrid se extendían desde la Puerta de Hierro hasta la Facultad de Filosofía. La defensa de Madrid fue la primera gran victoria del Ejército republicano y también el primer éxito de las Brigadas Internacionales.

▼ Se conocen muchas insignias atribuidas a la Centuria -luego Batallón- Thaelmann. La que se muestra en la portada de la revista de la unidad también aparece en algunas fotos y probablemente sea sobre un fondo rojo con letras amarillas o blancas. La Centuria Thaelmann fue una de las primeras unidades voluntarias internacionales formadas por exiliados alemanes y del norte de Europa, que antes de formar parte de las Brigadas Internacionales formó parte de la milicia del PSUC, con la que luchó en el Frente de Aragón y luego en el de Madrid. *(Archivo del autor)*

dificultó la convivencia entre voluntarios de diferentes orígenes políticos. Esto sucedió sobre todo en las brigadas donde el pluralismo político estaba más extendido, como en las Garibaldi y Thaelmann. El republicano Randolfo Pacciardi, jefe de la XII Brigada de marzo a junio de 1937, tuvo que superar muchas dificultades para tratar con sus superiores, especialmente cuando este último intentó establecer como su delegado a Ilio Barontini, mientras que el comandante había optado por Carlo Penchienati. Fueron sobre todo los oficiales y los comisarios no inclinados a cumplir con las imposiciones superiores los que dirigieron un curso de colisión con Albacete. Muchas veces se ejercían presiones para obtener avances de grado a algún individuo recomendado y esto provocaba el choque con quienes tendían a favorecer más el talento que el carné de partido. En otros momentos, los contrastes entre los comandos, la estación de policía y los oficiales de las unidades de combate, trascendieron hasta causar episodios mucho más graves, como el motín de la XIII Brigada, con oficiales a la cabeza, que, durante los sangrientos enfrentamientos en Brunete en julio 1937, se negó a devolver sus unidades a la línea de frente, o cuando, en Belchite, al comandante del Batallón Lincoln se le amenazó con el pelotón de fusilamiento por negarse a ejecutar una orden sin sentido. Los contrastes aumentaron inevitablemente cuando en las posiciones de mando de las unidades accedían

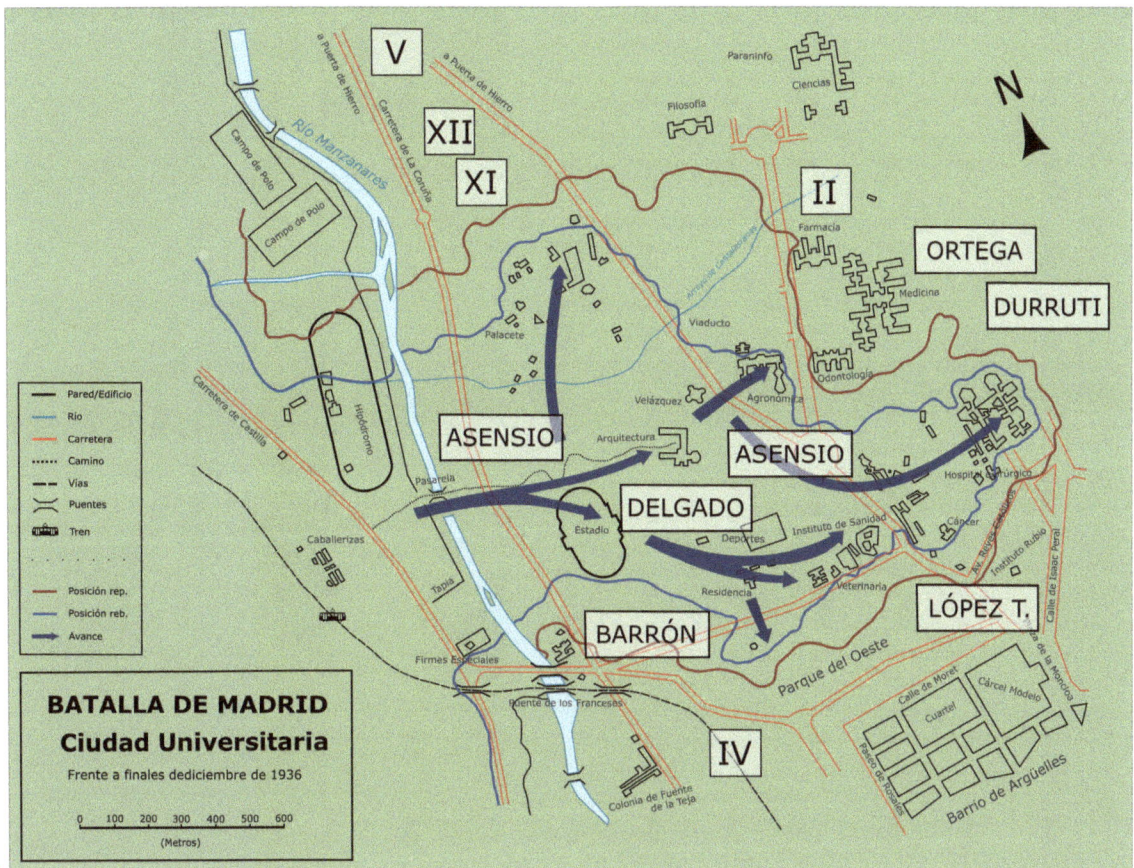

BATALLA DE MADRID
Ciudad Universitaria
Frente a finales dediciembre de 1936

hombres sin introspección psicológica, como en el caso de la XIII Brigada, pasada la víspera de Brunete bajo las órdenes de Vincenzo Bianco, quizás uno de los más duros y despiadados entre los oficiales de las Brigadas Internacionales, que no dudó en algunas circunstancias en recurrir al pelotón de ejecución *pour encourager les autres*. En mayo de 1937, también se formó una compañía de pioneros, en la práctica, una unidad disciplinaria, compuesta por alcohólicos, cobardes, desobedientes y otros sujetos considerados poco fiables.

Entre las diversas causas que contribuyeron al deterioro de las relaciones entre los voluntarios y los mandos también debe considerarse la aproximación del armamento suministrado a las unidades. La vestimenta y el equipo de los combatientes constituyeron inmediatamente un grave problema para los hombres de Albacete. El primer convoy de material llegó clandestinamente desde Francia a principios de octubre de 1936 y contenía una variedad de uniformes y equipos de todos los tipos y estilos. El resultado fue que las unidades entraron en operación con una uniformidad poco equilibrada, y por un largo tiempo se obligó a los hombres a tomar algunas medidas militaristas. A juzgar por las fotografías existentes y los testimonios de los protagonistas, al momento de entrar en acción, solo unas pocas unidades aparecían vestidas y equipadas de manera satisfactoria, y entre ellas destacaba el Batallón Thaelmann alemán, inmortalizado a su llegada a Madrid con un atractivo rigor teutónico mezclado con el anticonformismo revolucionario. Al principio, muchos voluntarios tuvieron que conformarse con el mono sencillo, el detrabajador, de diferentes colores, incluidos los azul oscuro que se distribuyeron a los voluntarios del Batallón Dabrowski, para llevarlo sobre ropas civiles. Incluso más tarde, cuando estuvieron disponibles los mismos equipos de ropa y pertrechos del Ejército Popular, los inconvenientes no desaparecieron por completo. Según un brigadista estadounidense, en Albacete podrían encontrarse «los residuos de una docena de ejércitos extranjeros, incluido el estadounidense, mezclado con jefes de origen español». A partir de noviembre de 1936, las necesidades de calzado aumentaron hasta llegar a 5.000 pares mensuales en la primavera siguiente. La accidentada tierra ibérica también consumía rápidamente la ropa, lo que hizo que el servicio de suministro de las Brigadas fuera una prueba muy sólida. No fue sino hasta la primavera de 1937 que los comandos de Albacete recurrieron de manera independiente a los proveedores locales para ordenar la fabricación de 30,000 uniformes caqui completos. A juzgar por las imágenes, sin embargo, tanto las Brigadas Internacionales como todo el Ejército republicano estuvieron plagados por la falta de equipo durante la guerra, lo que obligó a los combatientes a recurrir a ropa civil y otras soluciones improvisadas. Para conseguir armas, el Ejército republicano se vio obligado a recurrir a todos los canales de suministro, incluido el uso de traficantes internacionales; el resultado fue la formación de un arsenal, por decir, poco compuesto, con evidentes repercusiones negativas en las unidades. Tan solo al examinar el armamento individual en las Brigadas

Internacionales se podían encontrar tanto los rifles japoneses Arisaka Mod. 1907 de 6.5 mm, como los mosquetes canadienses Ross 0.303 inch pasando por el modelo de Mauser más popular, el de 1893 de 7 mm, hecho bajo licencia en España y el Mosin-Nagant Mod. 1891 de 7,62 mm, construido en los Estados Unidos por Remington entre 1914 y 1917 para el Ejército ruso. Igualmente variado fue el equipo de ametralladoras, con la Maxim M. 10 soviética en mayor número junto con el modelo francés Hotchkiss 1914. Otro problema organizativo enfrentado por el comando de Albacete fue el de la clasificación de voluntarios en unidades homogéneas por nacionalidad e idioma. Los contingentes más numerosos, como los franceses, los alemanes, y los italianos, se habían unido en batallones desde los comienzos. Los valones belgas o los suizos francófonos también se pudieron unir a los franceses. Se podían formar agrupaciones idénticas con alemanes austríacos y suizos en los batallones germánicos, cuyo personal también aumentó como resultado de voluntarios escandinavos, de la Bélgica flamenca, los Países Bajos, e incluso Gran Bretaña. Las agrupaciones continuaron hasta el nivel de compañía y, finalmente, de sección, lo que determinó una asimetría evidente de las unidades, que terminaron desplegando grupos orgánicos muy diferentes. Desde septiembre de 1936, cada batallón del Ejército republicano estaba formado por tres compañías de fusileros más una compañía de reserva, una compañía de ametralladoras, una sección de morteros de cuatro piezas y una sección de transmisiones. Cada compañía de fusileros desplegaba 120 hombres divididos en tres secciones de dos pelotones, a su vez divididos en tres equipos; la compañía de ametralladoras constaba de tres pelotones de 30 hombres cada uno con cuatro ametralladoras. Se produjeron cambios menores en el curso del conflicto, como la inserción de un mortero de pequeño calibre en cada sección de rifles, pero, al final, cada batallón republicano a toda potencia debería haber desplegado 655 hombres, incluido el Estado Mayor.

La disponibilidad de equipos y la presencia de voluntarios de diferentes nacionalidades condicionaron la estructura de las unidades en el momento de su establecimiento. Mientras el Batallón Garibaldi entraba en acción con cinco compañías fusileras más dos grupos de asalto -*Arditi del Popolo* y *Il Terribile*- desplegando 520 hombres en total, el Batallón Thaelmann, perteneciente a la misma brigada, consistía en solo cuatro compañías: I Compañía Alemana, II Compañía Balcánica, III Compañía Polaca y IV Compañía Inglesa-Rusoblanca, con un total de 540 hombres; de lo contrario, el

▲ La contratación de voluntarios en nombre del Komintern llegó prácticamente a todos los rincones del mundo. En la imagen se muestra a Tom Spiller, un voluntario de Nueva Zelanda y un suboficial en el batallón británico de la XV Brigada Internacional. Spiller había llegado a España a tiempo para participar en las batallas de Jarama y Brunete; luego resultó herido. Una vez dado de alta del hospital, el Komintern envió a Spiller a su casa para buscar otros voluntarios, pero después de la retirada de las Brigadas Internacionales en septiembre de 1938, su actividad se detuvo. Un total de 36 voluntarios de Nueva Zelanda acudieron a España, entre combatientes, aviadores y médicos. *(Cortesía de Alexander Turnbull Library, Wellington, Nueva Zelanda, número de referencia 91-261-40-01)*

Batallón Edgar André se alineó a la salida de Albacete con cuatro compañías de fusileros y una de ametralladoras, más una sección de artillería de 650 hombres. Los resultados del combate y las dificultades organizativas determinaron en más de una ocasión la entrada en combate de unidades con personal insuficiente, de modo que en la historia de las Brigadas Internacionales existieron muchos otros casos de batallones políglotas y personal *ad hoc*, como sucedió en la CXXIX Brigada que en un momento incluyó voluntarios de cuarenta nacionalidades diferentes; o como en la XIV Brigada, que entró en acción a fines de 1936 con cuatro batallones formados por solo tres compañías de ametralladoras franco-belgo-británicas de La Marseillaise, con tres fusileros y una ametralladora, de 416 hombres, equivalentes a los 550 voluntarios franceses de la Henry Barbusse. La presencia de pequeñas adiciones nacionales contribuyó a formar los batallones de una verdadera Babel lingüística, pero la urgencia de la lucha no permitía observar demasiado lo sutil, por lo que la clasificación en los batallones terminó siguiendo criterios a veces extravagantes, como sucedió cuando llegaron voluntarios de Etiopía, asignados al Batallón Garibaldi, es decir, junto con compatriotas que habían invadido su país, o con los chipriotas, enmarcados en el Batallón Británico, solo porque Chipre era una posesión inglesa. En la primavera de 1937, una vez pasó la emergencia de los primeros meses y confiando en una afluencia de voluntarios que se consideraba consolidada, se intentó estructurar brigadas enteras a nivel nacional y así la XI Brigada se convirtió, esencialmente, en la alemana, la XII fue la de mayoría italiana, la XIII, predominantemente polaca, la XIV, francesa, la XV, angloamericana, y, finalmente, la CL, eslava y húngara. Pero la presencia de tantas nacionalidades determinaba que los diferentes grupos étnicos siguieran estando presentes dentro de los batallones, agrupados según criterios decididamente excéntricos. En perfecta adhesión al espíritu internacionalista, los marcos heterogéneos determinaron casos singulares, como sucedió en el Batallón Garibaldi, comandado en agosto de 1937 por el albanés Asim Vokshi. La presencia significativa de voluntarios judíos condujo al establecimiento de la única "unidad religiosa" de las Brigadas Internacionales. Además de la presencia de religiosos judíos voluntarios de Palestina, que llegaron a España junto con sus compañeros musulmanes, en todos los contingentes había un gran número de judíos que se habían unido al frente antifascista en respuesta al antisemitismo de Hitler y Mussolini. La iniciativa original de establecer una unidad judía provenía de un voluntario llamado Ariel Weisz, que habló a Luigi Longo y André Marty en octubre de 1936. Weisz, caído en combate en el Frente de Madrid de enero de 1937, había llegado a Albacete con otros voluntarios y 14 judíos franceses, en palabras de Longo «en un modo sincero y apasionado», y había propuesto la creación de la unidad judía como una respuesta a todas las insinuaciones de los alemanes la supuesta cobardía de los judíos. La idea tuvo inicialmente pocos seguidores, pero más tarde, en diciembre de 1937, el comandante del Batallón Palafox de la Brigada XIII, recibió la orden de formar una unidad judía, llamada Naftali Botwin, en honor al comunista polaco condenado a muerte en Varsovia en 1925. La compañía incluía judíos de Polonia, Alemania, Lituania, Hungría y Palestina y usaban el yiddish como idioma oficial. Además de la fuerte presencia judía en los contingentes estadounidenses y polacos, que se estiman en casi el 30% del total, se calcula que al menos 200 voluntarios pasaron por la Compañía Botwin desde diciembre de 1937 hasta septiembre de 1938. El último caído de las Brigadas Internacionales fue un voluntario de esta compañía, Jaskel Honigstein, herido de muerte en el Ebro.

A pesar haberse formado bajo el control estratégico de Albacete, una vez en acción, las Brigadas Internacionales lucharon junto a las unidades republicanas y, en varias ocasiones, presentaron batallones completamente españoles. Por lo tanto, desde el punto de vista operativo, las brigadas se encontraban insertas en la máquina militar republicana y sometidas a las adaptaciones y modificaciones que requería la contingencia del momento. La necesidad de crear unidades tácticas más grandes que la brigada se hizo evidente en el Estado Mayor republicano ya en 1936. A fines de octubre, se había decidido convertir las unidades de milicias en batallones regulares, formando cuatro de fusileros y uno de ametralladoras, para ser ensamblados en formaciones llamadas Brigadas Mixtas, que incluían unidades de exploración, transmisiones, artillería, salud, ingeniería y logística, con un total de 3,876 hombres. La fuerza consistía en un personal con 13 oficiales y empleados; cuatro batallones, cada uno de 633 hombres divididos en cinco compañías, más un pelotón de morteros; un escuadrón de caballería de 141 hombres; un grupo de artillería con cuatro baterías de un total de 519 hombres; una unidad de suministros de 42 hombres; un servicio de salud con 145 empleados; una unidad reforzada con ingenieros de 345 hombres y una empresa de transporte y logística de 138 hombres. Pero las necesidades urgentes de la guerra obligaron al Estado Mayor republicano a rediseñar en junio de 1937 la estructura de las brigadas mixtas, reducidos a solo cuatro los batallones de infantería, con una compañía de infantería de reserva, un pelotón de caballería, una batería de artillería de tres piezas, más personal de servicio y logística, que ascendía a un personal total de 4.197 hombres, incluidos 134 oficiales y 34 comisarios políticos. Más allá de estos, existía un pelotón de carros blindados para la tercera brigada de cada agrupación. Muy raramente, sin embargo, tanto las Brigadas Internacionales como las brigadas españolas podían desplegar todo el personal: al momento de ingresar a la línea en diciembre de 1936, la XIV Brigada tenía 2.300 hombres en total, solo el 55% del total que se esperaba. La reestructuración de las Brigadas fue de la mano con la reorganización del Ejército republicano y la creación de divisiones permanentes, creadas para reemplazar a las agrupaciones temporales de brigadas mixtas de los primeros meses de guerra. Las divisiones eran una respuesta del Estado Mayor republicano a la necesidad de unidades *ad hoc* capaces de operar de manera efectiva en los diversos sectores del frente. Desde el punto de vista administrativo, las divisiones que comprendían unidades internacionales y, por lo tanto, dependientes de la base de Albacete eran cuatro: la 15.ª; la 17.ª; la 35.ª; y la 45.ª. En realidad, sin embargo, la 17.ª División era en todos los aspectos española y tan solo porque había oficiales extranjeros presentes en su personal continuó siendo considerado internacional. Por otro lado, la 63.ª División, española, pero que incluía la LXXXVI Brigada Internacional, no se encontraba entre las que dependían de Albacete. La victoria de los republicanos en Madrid permitió la organización permanente de la base inter-

▼ Voluntarios de la XII Brigada Internacional, fotografiados a finales de octubre de 1936, probablemente del Batallón André Marty. La chaqueta de cuero sin mangas es similar a la del Ejército Británico de trinchera Mod. 1916 y se distribuyó en grandes cantidades a las primeras unidades. Debajo de la chaqueta, el mono característico de algodón pesado, en este caso de color caqui o azul oscuro. Los voluntarios llevan bandoleras y bolsas de munición en cuero natural hecho localmente, con cinturones y correas de cuero y lienzo, y están armados con mod español Mauser 1893 sin bayoneta. (*Revista Croniqua 1939*)

◄ Una bandera perteneciente al Batallón Commune de Paris, en enero de 1937, enmarcada en la XI Brigada Internacional en el Frente de Madrid. La bandera fue un regalo de los comunistas de Espinardo a los voluntarios del batallón, que habían pasado un mes de descanso en el complejo a las afueras de Madrid el mes anterior. Sus dimensiones son de 125 x 90 cm; con fondo de seda roja con inscripciones blancas y flecos en amarillo dorado. En el frente hay una variante francesa del tricolor republicano, mientras que en el otro lado aparece el tricolor azul-blanco-rojo. *(Museo del Ejército, Madrid)*

▶ Luigi Longo, futuro secretario del PCI en la posguerra, ocupó el cargo de jefe de la comisaría política de las Brigadas Internacionales y fue uno de los principales organizadores de la base de Albacete, donde se desarrolló la compleja red organizativa de las brigadas. *(Archivo del autor)*

nacional, con todos sus aparatos logísticos y administrativos. También se establecieron dos batallones de reclutas para formar un depósito de voluntarios que se enviarían como reemplazos de las unidades en el frente. Cada nacionalidad tenía entonces disponible una oficina de redacción, donde se publicaba un boletín informativo en los idiomas que se hablaban en las brigadas y donde se discutían temas de política y guerra. También se fortalecieron los centros de capacitación, donde se enseñaba el uso de armas, tácticas de combate y se proporcionaron a los oficiales las herramientas teóricas para las unidades de orientación. Desde diciembre de 1936, la enseñanza de materias militares se hizo más sistemática con la formación de una escuela oficial real, dirigida por el general Emilio Kléber. Todos aquellos que ocupaban puestos de mando habían recibido clases de Estado Mayor, cartografía y comisaría política. Pero la urgencia determinada por la guerra no permitió profundizar las materias y la formación de comandantes suficientemente preparados languideció durante mucho tiempo. De hecho, la falta de preparación en el nivel de comando fue una constante en la actividad de las brigadas, lo que causó bastantes problemas y malentendidos entre los voluntarios. La política ayudó a hacer muy homogéneo el cuerpo de oficiales, ya que más a menudo favorecía la lealtad al partido en lugar de los méritos objetivos de los individuos seleccionados, lo que se traducía en la creación de descontento y resentimiento dentro del Estado Mayor. Al tener que juzgar qué tan preparada y confiable era la clase de oficiales de las Brigadas Internacionales -especialmente en los grados superiores- por lo que sucedió durante las campañas, aparece una imagen de pocas luces y muchas sombras. Los principales Estados Mayores estaban en manos de jefes partidistas y no de comandantes capaces de dirigir grandes unidades: Klebér, Walter, Lukács eran sobre todo guerrilleros hábiles, más adecuados a las estepas rusas que a la realidad española; otros, como Gal, resultaron ser excelentes subordinados, demostrando que poseían una cualidad que coincidía con las tareas requeridas, pero en momentos cruciales manifestaron ser incapaces de decidir por sí mismos; otros, como Gómez, aunque jóvenes e inteligentes, carecían de experiencia o, como Čopic, algunos demostraron en más de una ocasión ser oficiales mal entrenados. De todos los comandantes de las brigadas, solo Hans Kahle, que ya era oficial en el Ejército alemán, y Aldo Morandi, por su capacidad innata y por el dominio que ejercía sobre sus hombres, demostraron poseer la inteligencia y aptitud para dirigir grandes unidades y administrar situaciones complejas. Esto no significa que los comandantes eran en su mayoría inadecuados o poco hábiles, pues hubo múltiples testimonios de valor y coraje individual. Más bien, a menudo, se encontró con la necesidad de cubrir pérdidas promoviendo a los comandantes de las compañías al frente de los batallones apresuradamente, aunque en la mayoría de los casos, el comando de unidades más pequeñas estaba por encima de sus posibilidades. Además de Kleber, Gómez, Gal y los ya mencionados Kahle y Morandi, ninguno de los jefes militares que salieron de la base de Albacete ocuparon puestos superiores a los de un comandante de brigada. Incluso las relaciones de colaboración entre los comandantes internacionales y los españoles estuvieron condicionadas por una evidente sospecha subyacente y la actitud de las principales brigadas, así como la de los consultores soviéticos, contribuyeron a exacerbar las mentes. A lo largo de la guerra, el Komintern se convirtió en un promotor de la idea del mando estratégico único, pero al mismo tiempo nunca miró con buenos ojos cualquier interferencia del Gobierno en la gestión de los asuntos de las Brigadas Internacionales, y nunca tuvo ningún interés en la asimilación con las otras unidades del Ejército republicano, porque esto habría significado la desaparición de la autonomía política y militar de la que gozaba la Internacional Comunista en España. Por lo tanto, las Brigadas Internacionales presentaban una doble cara: por un lado, aparecían como un organismo del Komintern y, por lo tanto, esclavizadas por los objetivos de Moscú; por otro, representaban la expresión de un gran frente popular, alrededor del cual organizar la resistencia. Esta posición contradictoria se resume en la actitud de los líderes de Albacete contra el decreto del ministro de defensa Indalecio Prieto del 27 de septiembre de 1937, que integraba las Brigadas en el Ejército, en sustitución al Tercio (la Legión Española), que se había sublevado. El decreto fue, de hecho, un movimiento del ministro para eliminar la autonomía de Albacete y, en efecto, era un «puñetazo en el ojo», como se dijo, pero en la práctica, se buscó suavizar los contrastes y actuar a través de la "política de pasillos". La reforma tuvo muy pocas aplicaciones y quedó en letra muerta, ya que no podía de ninguna manera socavar el sistema de relaciones y poder que pertenecía al Partido Comunista Español, a través del flujo de ayuda de la URSS. El Estado Mayor del Ejército republicano asumió el control

teórico de las Brigadas Internacionales, dejando la situación sin cambios y, con esto, la actividad de la base de Albacete continuó sin ser perturbada.

Además del ambiguo rol político ejercido por las Brigadas Internacionales, la enorme importancia que su presencia ejerció en términos de apoyo moral a la causa republicana sigue siendo innegable. Aunque, en la vanguardia, la cantidad total de brigadistas nunca excedió las 18.000 unidades en la primavera de 1937, y por lo tanto, en términos numéricos, su contribución fue relativa, la presencia de voluntarios extranjeros se hizo resonar constantemente en los boletines de guerra, y estos siempre respondían con un innegable espíritu de sacrificio, entrando más de una vez en las entrañas del combate. Desde la llegada de las primeras unidades internacionales a Madrid, los voluntarios fueron recibidos con gran calidez y emoción por la población de la capital sitiada. La expectativa de ayuda extranjera era tan fuerte que los madrileños los saludaban con el grito de «¡Viva Rusia!», incluso si se trataba de los alemanes del Batallón Edgar André. Sesenta años más tarde, en una entrevista televisiva, un voluntario alemán recordaba la vergüenza que sintió al ver las ruinas causadas por el bombardeo de sus compatriotas de la Legión Cóndor y que la gente lo animara, pensando que era un soldado soviético. Ciertamente, los voluntarios extranjeros no eran caballeros impolutos y sin miedo, la suya es una historia de hombres, y junto con actos de valor no faltaron los episodios negativos. Sin embargo, su historia se alargará en la épica del siglo XX, y esto explica porque, aún después de muchos años, los veteranos republicanos españoles continuaron considerándolos «los mejores hombres del mundo».

LAS BRIGADAS INTERNACIONALES EN ACCIÓN

El limitado equipaje técnico y militar que tenían los voluntarios constituyó un problema notable en los primeros meses. Tal como algunos habían predicho, la de España se trataba de una "mala guerra", luchada sin vecindad y con la crudeza típica de los conflictos civiles. Además, para muchos de los voluntarios, existía la certeza de que, incluso en caso de victoria, difícilmente volverían a ver su país y esto preocupaba a miles de alemanes, polacos, italianos, húngaros y rumanos, a los que pronto se sumarían los austríacos y los checos. Entre los alemanes había quienes habían tenido experiencias de combate también muy sangrientas, especialmente aquellos que se habían enfrentado a los *Frei-Korps*. Algunos de los italianos habían luchado en las formaciones de los *Arditi del Popolo* y conocían las tácticas defensivas y el uso de explosivos. Probablemente, su preparación fue inferior a la de los húngaros que, en 1919, habían luchado durante la breve "experiencia soviética" bajo Bela Kun. Además de estas minorías, la mayoría de los voluntarios tenían conocimiento de tácticas aprendidas en batallas callejeras, llevadas a cabo con las manos desnudas o, como máximo, con piedras y palos y, en cualquier caso, casi todos los voluntarios, incluidos los veteranos de Alemania o aquellos de Hungría, no estaban preparados para enfrentarse en campo abierto a una fuerza de combate profesional dirigida por oficiales expertos y provisto de armas modernas. También había que tener en cuenta la resistencia cultural de muchos reclutas que, convencidos de ser antimilitaristas, mostraban poco entusiasmo en aprender la disciplina del Ejército. Pero a pesar de su falta de preparación, los voluntarios internacionales eran un material humano de primera clase con el que se podían obtener buenos resultados cuando eran dirigidos por oficiales entrenados.

El resultado favorable de la batalla de Madrid ha llevado a muchos autores a creer que las Brigadas Internacionales demostraron excelentes cualidades exclusivamente en enfrentamientos urbanos y que en campo abierto sufrieron tremendas derrotas, olvidándose de decir que en ciertas ocasiones habían sido trágicamente asistidas por las órdenes del Ejército republicano. Sin lugar a duda, los combates en la capital pusieron de manifiesto la tenacidad y la obstinación de los brigadistas, pero, en cualquier caso, la lucha en los centros urbanos siempre favorece a los defensores. En el curso del ataque de los rebeldes en Madrid, se confió el sector Ciudad Universitaria a las brigadas XI y XII desde noviembre de 1936. Pronto la batalla se convirtió en una lucha sin cuartel, mientras los combatientes de ambos bandos convertían los edificios en fortalezas, cerrando puertas y ventanas con todo lo que tenían a mano, incluidos libros de la biblioteca, colocando ametralladoras para batir las calles de acceso, excavando trincheras y túneles de conexión. En algunos casos, los contendientes se encontraban luchando cuarto por cuarto a una distancia de unos pocos metros, como confirmó en los sesenta años el brigadista italiano Vincenzo

▲ Frente aragonés. Ataque de milicianos republicanos, muchos de los cuales eran anarquistas hacia Bujaraloz, donde Durruti había situado su cuartel general el 26 de julio de 1936

Tonelli en una entrevista con una revista francesa, que informó haber escuchado a más de una vez las voces de los soldados mercenarios marroquíes atrincherados en el mismo edificio. En Madrid, la ofensiva nacionalista hizo añicos la tenaz resistencia de los defensores, convirtiéndose en una batalla aterradora que a finales de noviembre devoraba compañías enteras sin descanso y con una ferocidad sin precedentes. El mejor equipo y la preparación de los sublevados fueron compensados por la superioridad numérica de los republicanos y por el hecho de que estos últimos disfrutaban de la ventaja defensiva. Además, el error de los líderes franquistas al insistir con tácticas de la colisión frontal benefició aún más a los defensores. Años más tarde, Robert Colodny, que no había participado en la defensa de Madrid, señaló en clave épica: «La astucia de los veteranos africanos contrarrestaba con la capacidad de aquellos que habían aprendido las tácticas de guerra urbana durante los enfrentamientos callejeros de la Place de l'Etoile en Clichy, o con los alemanes de los batallones Edgar Andrè y Thaelmann, que habían luchado contra Noske y Hitler en Hamburgo y Berlín, y tendieron emboscadas mortales a los moros del Ejército nacionalista bajo los bustos de Aristóteles y Spinoza en Ciudad Universitaria». Gran parte de la literatura hostil a las Brigadas Internacionales tiende a resaltar los éxitos en las luchas urbanas en Madrid, para disipar algunos mitos y apoyar la tesis de la capacitación insuficiente, que, más allá de los roles defensivos, habría permitido principalmente el empleo de voluntarios en ruinosos asaltos frontales. Ciertamente, las dos brigadas enviadas a Madrid carecían de entrenamiento y, de la misma manera, la apresurada puesta en escena de otras unidades causó graves problemas, pero más tarde, una vez que la emergencia disminuyó, los batallones internacionales recibieron muy poco cuidado de los controles. A mediados de 1937, las Brigadas Internacionales habían alcanzado la máxima expansión y el más alto nivel de eficiencia, se empleaban cada vez con mayor frecuencia como unidades de élite y los adversarios también las consideraban como tal. Posteriormente, después de la alta tasa de pérdidas sufridas, especialmente en la batalla de Brunete, y con el aumento de la disparidad de armas entre los contendientes, las brigadas comenzaron a declinar. Las operaciones en Aragón entre 1937 y 38, especialmente la conquista de Belchite y Quinto, han llevado a algunos historiadores a insistir en la habilidad de los brigadistas en las luchas urbanas, minimizando otros éxitos importantes obtenidos en campo abierto. La victoria de Guadalajara fue sin duda el éxito de campo mejor conocido por las Brigadas Internacionales, pero igualmente se deben considerar otras acciones de prestigio, como la conquista de Arges en mayo de 1937 por el Batallón Dimitrov, o las victorias obtenidas en Teruel en la primera parte de la campaña. A pesar de las condiciones climáticas prohibitivas en que se libró la ofensiva en Teruel, los batallones de las XI y XV brigadas rechazaron la contraofensiva opuesta entre Muela y Cancún el 7 de enero de 1938, resistiendo bajo intensas salvas

1

2

3

4

LÁMINA A

3

2

1

1b

LÁMINA B

LÁMINA C

2

3

4

1

5

LÁMINA D

LÁMINA E

2

3

4

1

5

LÁMINA F

LÁMINA G

1. GASTONE SOZZI
COLUMNA LIBERTAD
RICORDO DELLE LOTTE
SOSTENUTE E DEL SANGUE
VERSATO INSIEME
OTTOBRE 1936

2. CARLOS MARX
Batallón
19 de JULIO
CENTURIA THAELMANN
Nº 31

3. VOLUNTARIOS INTERNACIONALES

4. Battaglione Giustizia e Libertà

5. BATALLÓN DE LA MUERTE

6. BATALLÓN GARIBALDI 12ª BRIGADA INTERNACIONAL

7. POR VUESTRA LIBERTAD Y LA NUESTRA
BATALLÓN MICKIEWICZ
XIII BRIGADA DOMBROWSKI

7b.

8. B. INTERNACIÓNAL
PALAFOX
EL FRENTE POPULAR DE MADRID
AL FRENTE POPULAR DEL MUNDO

LÁMINA H

de artillería e infligiendo terribles pérdidas en los atacantes, consumados bajo el fuego cruzado de las ametralladoras de los batallones Británico y Mackenzie-Papineau. El 19 de enero, los rebeldes intentaron de nuevo entrar en ese sector, pero fueron igualmente rechazados con graves pérdidas.

La insistencia de ciertas fuentes acerca de la mala actitud del entrenamiento internacional hacia las tácticas de guerra más actualizadas, también se deriva de algunas observaciones sobre la preparación de los paneles de comando. Muchos de los que habían participado en las formaciones bolcheviques durante la revolución rusa provenían de experiencias muy diferentes de las que habían luchado en el Frente Occidental de la Primera Guerra Mundial. El primero no tenía conocimiento de las tácticas de combate introducidas en el Frente Occidental a partir de 1916 para superar el *impasse* de la guerra de trincheras y basándose en la potencia de fuego, la ruptura de las líneas enemigas en los puntos más débiles o en sectores restringidos, el eludir los objetivos y coordinar los ataques desde tierra y aire. Ciertamente, los oficiales alemanes de la XI Brigada, como Hans Kahle y Ludwig Renn, los habían experimentado de primera mano en 1918 y conocían los manuales de tácticas publicados por el Estado Mayor alemán. Para la mentalidad dominante, sin embargo, era que el Ejército alemán había perdido la guerra y, por lo tanto, se favorecieron las teorías francesa y británica, que tendían a excluir la infiltración en beneficio de la presión continua en la línea del frente. Este enfoque, aun y así, no fue muy diferente del adoptado en el bando contrario, que en Madrid se lanzó inútilmente al asalto de las líneas republicanas con oleadas de infantería. A pesar de que el entrenamiento del Ejército británico estuvo orientado desde la década de 1920 a favorecer la combinación de tácticas de fuego y movimiento por unidades pequeñas y ágiles, en la práctica, las enseñanzas impartidas a los oficiales todavía eran las que se recibían en la Primera Guerra Mundial y, además, había muy pocos voluntarios británicos que hubieran ocupado el rango de oficial para influir en la orientación de los comandos. La fuerte presencia francesa entre los internacionales no causó cambios significativos en este enfoque, aunque entre los rangos de los voluntarios llegados de más allá de los Pirineos había algunos antiguos soldados. El Ejército de la Tercera República francesa había estado condicionado por la guerra de posición y obsesionado con las líneas fortificadas. Todo ello se traduce en la escasa importancia dada al combate maniobrado y a la flexibilidad de las formaciones tácticas. Incluso la presencia de asesores militares soviéticos no cambió estas convicciones. El enfoque introducido por este último se basó en el ataque masivo y el uso del arma acorazada moderna exclusivamente como un apoyo de infantería. Esta doctrina, que habría llevado al mismo Ejército Rojo a las ardientes derrotas en Finlandia, se aplicó casi sin excepción en todo el Ejército republicano, incluidas las Brigadas Internacionales. Esta creencia, sin embargo, no era exclusiva de los consejeros militares soviéticos. Analizando los problemas tácticos que surgieron en el primer año de la Guerra Civil, el agregado francés al Estado Mayor de Albacete, el ex general del *Armée* Vital Gayman, afirmó que el armamento antitanque era el arma decisiva, y que las unidades motorizadas eran esencialmente inútiles, como demostró la derrota italiana en Guadalajara. Gayman estaba convencido de que, a causa de la dificultad de coordinar las diversas especialidades a un nivel más alto que el batallón, era necesario centrarse en la iniciativa de las unidades para concluir positivamente una acción. Por lo tanto, era necesario reforzar el armamento de infantería y utilizar las unidades de brigada siguiendo la lógica de las unidades escalonadas, utilizados en sucesión para mantener una presión continua sobre el enemigo, tanto en la ofensiva como en la defensa. Pero estos eran conceptos que después de unos años, en la Segunda Guerra Mundial, habrían resultado completamente erróneos. Durante la batalla de Belchite, la XV Brigada, incluso sin personal, logró importantes resultados con la conquista de objetivos bien defendidos, gracias al uso simultáneo de pequeños equipos de asaltantes con el apoyo directo de las secciones de ametralladoras, armas antitanque, y un pelotón de vehículos blindados. En cambio, en Fuentes de Ebro, en septiembre de 1937, el Batallón Mackenzie-Papineau, bien entrenado, sufrió la pérdida de 260 hombres entre muertos y heridos debido a un ataque realizado a través de una explanada abierta, de más de un kilómetro y medio de ancho. Los asaltantes atacaron como se estuvieran en un ejercicio, permanecieron sin el apoyo de los tanques, y finalmente fueron envueltos por un fuego enemigo mortal. Muchos de los fracasos republicanos también ocurrieron debido a la falta de coordinación de las unidades por parte de los comandos y la inexperiencia de estos últimos, que a menudo ordenaban asaltos sin esperanza, con los inconvenientes que esto ocasionaba. La primera gran operación ofensiva que involucró a las Brigadas Internacionales fue la Batalla de La Granja en mayo-junio de 1937, que ocurrió tras el ataque a Segovia y culminó en la Batalla de Cabeza Grande, a una altura de 1.428 metros, que costó más de 1.500 muertes en el bando republicano y 1.100 en el nacionalista. Los internacionales estuvieron representados por la XIV Brigada bajo las órdenes del teniente coronel Jules Dumont. Aunque a fines de mayo estaba claro que la ofensiva había fallado, se decidió un último e inútil asalto a Cabeza Grande. Los hombres de Dumont se lanzaron al asalto con gran energía, pero la empinada ladera de la montaña, la artillería, y la aviación enemiga frustraron todos los esfuerzos. Después del fracaso del último ataque, la brigada había perdido más de un cuarto de su fuerza.

En otras ocasiones, los batallones no fueron capaces de realizar su tarea de manera efectiva, porque estaban armados parcialmente o con equipo reducido, mientras los comandantes en la retaguardia pretendían lo imposible, sin darse cuenta de lo que estaba sucediendo en la línea del frente. La aniquilación del Batallón Lincoln en el Jarama el 27 de febrero de 1937 fue consecuencia, principalmente, de la falta de información sobre lo que estaba sucediendo y, de hecho, el comando de la XV Brigada desconocía por completo lo que estaba sucediendo en el frente, mientras insistía en que el batallón atacara bajo todo coste. Después del desastroso resultado del ataque, los estadounidenses exigieron la revocación de Čopic del comando de la XV Brigada, considerándolo el principal responsable del fracaso. El comandante croata culpó a uno de los oficiales enviados por él en primera línea, que habría malinterpretado las órdenes recibidas y enviado a los batallones al asalto por error.

Para dificultar la coordinación de las tropas en acción también contribuyó la diferente procedencia de los oficiales, combinada con la variada experiencia de los luchadores. Un voluntario del Batallón Mackenzie-Papineu canadiense informó que en las Brigadas Internacionales y en todo el Ejército español no había un solo manual de entrenamiento y que cada prácticamente comandante seguía sus propios hábitos. El Batallón Mac-Pap reunió voluntarios de los Estados Unidos y Canadá, pero mientras los primeros usaban órdenes y órdenes de cierto tipo, los canadienses usaban otros.

Durante la guerra no hubo un método uniforme de dirección y después de un tiempo, especialmente cuando los batallones estaban en primera línea, los oficiales se vieron obligados a dar instrucciones usando múltiples idiomas, para que todos pudieran entender las directrices. Si consideramos que en el curso de la Guerra Civil aparecieron también los manuales de instrucciones del Ejército Rojo, uno puede imaginarse lo difícil que era coordinar las unidades. Si a esto le sumamos que los republicanos se veían a menudo obligados a usar diferentes armas de calibre, modelo y municiones, podemos entender fácilmente cuántos problemas tuvieron que enfrentar los comandantes.

Gracias al testimonio de Riccardo Formica, alias Aldo Morandi, recopilado por el historiador Pietro Ramella, se aprendieron algunos antecedentes en las operaciones que involucraban formaciones internacionales, útiles para conocer el nivel de preparación de las unidades y qué problemas surgieron entre los comandos. A fines de diciembre de 1936, Morandi se encontraba en Andújar como jefe de Estado Mayor de la XIV Brigada Internacional. En la ciudad estaba el comando de la unidad, rápidamente instalado y enviado a Andalucía para enfrentarse a la creciente amenaza del enemigo en el sur del país. Se asignó a la brigada el 9.º Batallón de Ametralladoras, llamado de las Nueve Naciones, aunque en realidad incluía doce.

La escasez de personas idóneas para ocupar cargos públicos hizo que los líderes de Albacete confiaran el comando de la unidad a un comunista búlgaro llamado Stomatov. Obviamente, la elección había sido poco considerada, aunque había luchado en el Frente Rumano, pero como soldado raso. Debido a la urgencia contingente, los voluntarios habían recibido tan solo el entrenamiento preliminar, lo que era causa de múltiples problemas. Pero para causar más daño cabe destacar la improvisación con la que la unidad estaba equipada y enviada al frente. Al llegar en tren a Linares, cerca de Jaén, en la tarde del 22 de diciembre de 1936, las cuatro compañías de batallón fueron trasladadas en camión a Villa del Río, donde el Estado Mayor republicano puso al comandante al corriente de la situación en el frente. La conversación fue muy difícil y tuvo que recurrir al francés, ya que ninguno de los oficiales internacionales hablaba español, pero incluso de esta manera la comprensión de la información no fue completa y causó muchos de los inconvenientes de los días siguientes.

Stomatov y los suyos aprendieron que el enemigo avanzaba de sur a este, con el objetivo de cortar la carretera Madrid-Cádiz y amenazar a Jaén y todo el Frente de Córdoba. La situación parecía crítica, ya que las fuerzas republicanas no podían contener el avance y los rebeldes se dirigían a Montoro y a la propia Villa del Río. La sucesión de noticias contradictorias aumentó la confusión: al principio se informó que Montoro había sido abandonado por la milicia, más tarde se dijo que la zona no había sido ocupada y, por lo tanto, era tierra de nadie, luego algunos relevos informaron que Montoro todavía estaba en manos republicanas y se necesitaban refuerzos.

Al final de la tarde, Stomatov recibió la orden de llegar al frente y posicionarse al sureste de Montoro. La ubicación les fue indicada en un mapa topográfico colgado en la pared. El comando no podía suministrar ningún plano y el único en su poder era el que colgaba. Había sido creado por guías lugareños, que conocían bien el área y un oficial español los había acompañado. Al final de una marcha de cuatro horas a última hora de la tarde, el batallón acampó en la retaguardia inmediata.

A pesar de las continuas transferencias, los hombres recibieron una comida caliente al mediodía; mérito de Petrovich, el comisario político del batallón, que había puesto en funcionamiento las cocinas de campaña. Por la noche, el comisario propuso a Stomatov llevar a cabo un control de armas, sección por sección, y se produjo la primera desagradable sorpresa.

De las treinta y seis ametralladoras, solo nueve funcionaban. Por lo tanto, se acudió a las habilidades técnicas de los voluntarios para poner de nuevo las armas en marcha, pero, aunque se engrasaron apropiadamente, varias ametralladoras eran restos de la Primera Guerra Mundial, vendidas 18 años después al Gobierno republicano, y necesitaban repuestos. Las armas se desmontaron para buscar el defecto que las hacía atascarse y se envió apresuradamente un suboficial desde Villa del Río, que fue de gran ayuda. El tiempo era de vital importancia porque al día siguiente el batallón tenía que reanudar la marcha para alcanzar las posiciones asignadas. Por la noche, veintiocho ametralladoras funcionaban de nuevo, pero las sorpresas no cesaron, porque una vez que se abrieron las cajas, se descubrió que las cintas de municiones estaban vacías, sin balas; además, no había dispositivos mecánicos para cargarlas. Cargar las cintas a mano era inútil, porque los proyectiles no podían fijarse perfectamente, y las ametralladoras se quedaban atascadas. Además, los hombres se despellejaban las manos sin obtener ningún resultado. Fueron reemplazadas con solo dos dispositivos disponibles, pero se tardó toda la noche.

Al amanecer, las ametralladoras estaban funcionando y todas las cintas estaban cargadas, pero los soldados apenas habían descansado. El oficial español a cargo de acompañar el batallón indicó a Stomatov las posiciones a ocupar. Las órdenes eran fortalecerse, mantener la posición y aguantar el asalto enemigo. Los camiones volvieron a Villa del Río; en el camino quedaron vehículos con municiones, cocinas de campo y una ambulancia. Mientras Stomatov y Petrovich comenzaban a inspeccionar las trincheras, el oficial español decidió que regresaría al Estado Mayor. De repente, se escucharon disparos.

El teniente español yacía en el suelo, y soldados avanzaron de inmediato. Los hombres tuvieron un momento de duda, ya que nadie debía estar allí. El comisario Petrovich gritó: «¿Republicanos?», pero respondieron disparando. El oficial español, que no estaba muerto, se levantó y corrió hacia la colina gritando: «¡El enemigo, el enemigo!». Se trataba de una patrulla rebelde en reconocimiento. La ambulancia, las municiones y la cocina del campamento cayeron en manos del enemigo. El 9.º Batallón

Brigadas Internacionales; baterías de artillería

Nombre	Historia	Composición
01) Agard	Conferida a la XI Brigada Internacional hasta diciembre de 1936, luego, a la XIV Brigada Internacional hasta el 29 de mayo de 1937. Finalmente se clasifica en la artillería de la 35.ª División y se enmarca en julio de 1937 en el II Grupo Skoda. Disuelta el 22 de septiembre de 1938.	Franceses
02) Antonio Gramsci, conocido como Guido Picelli	Con la XIII Brigada Int. del 6 de diciembre de 1936 al 10 de febrero de 1937. Desde abril forma parte de la 45.ª División y, finalmente, se fusiona con el Grupo Skoda-Baller. Disuelto el 22 de septiembre de 1938.	Italianos
03) Pierre Brachet o Franco-Belga	Enmarcada el 6 de noviembre de 1936 con el Batallón Edgar André de la XI Brigada Internacional, luego, del 6 de diciembre se desarticula en Valencia. Nuevamente con la XI Brigada de junio a julio de 1937; desde el siguiente agosto se une al II Grupo Skoda en la 35.ª División. Disuelto el 22 de septiembre de 1938.	Belgas y franceses
04) Thaelmann:	Inicialmente asignada al batallón homónimo desde el 25 de octubre hasta el 28 de noviembre de 1936, luego, en la XIII Brigada Internacional hasta febrero de 1937 y finalmente asignada al Grupo Skoda Baller. Disuelto el 23 de septiembre de 1938.	Alemanes y austríacos
05) Karl Liebknecht:	Con la XIII Brigada Internacional del 6 de diciembre de 1936 al 10 de febrero de 1937. Desde abril hasta el siguiente julio fue asignada al Grupo Skoda-Baller de la 45.ª División, luego, nuevamente con la XIII Brigada hasta el 26 de octubre y, finalmente, en el Grupo Skoda-Baller. Disuelta el 23 de septiembre de 1938.	Alemanes y austríacos y otros
06) Pasionaria:	Con la XI Brigada Internacional de junio a agosto de 1937. Asignado al II Grupo Skoda de la 35.ª División. Disuelta el 23 de septiembre de 1938.	Multinacional
07) Rosa Luxemburg:	Establecida en marzo de 1937 y asignada al I Grupo Skoda de la 11.ª División. Disuelta el 23 de septiembre de 1938	Multinacional
08) Jozko Majk:	Establecida en junio de 1937 y asignada al Grupo Eslavo del Ejército de Extremadura. Disuelta el 23 de septiembre de 1938.	Eslavos
09) Vasilj Kolarov:	Igual que el anterior.	Polacos
10) Glowacky Bartosz, o Hungara	Con la XIII Brigada Internacional de agosto a octubre de 1937. Desde el siguiente diciembre es asignada al Grupo de Artillería Eslavo del Ejército de Extremadura. Disuelta el 23 de septiembre de 1938.	Húngaros, checos y polacos
11) Stepan Radic:	Establecida en marzo de 1938 y asignado al Grupo Herik del Ejército de Levante. Disuelta el 23 de septiembre de 1938.	Yugoslavos y Balcanes
12) John Brown:	Igual que el anterior.	Estadounidenses
13) Italiana:	Igual que el anterior.	Italianos
14) Tudor Vladimirescu:	Establecida en enero de 1938 y enmarcada el mes siguiente en el Grupo Eslavo. Disuelta el 23 de septiembre de 1938.	Rumanos y eslavos
15) Rigaud:	Formado en mayo de 1938 y enmarcada en el XXI Cuerpo, incluida la CXXIX Brigada, disuelta el siguiente octubre.	Multinacional

Brigadas Internacionales; grupos de artillería		Baterías internacionales
I Grupo Skoda Rosa Luxembourg	11.ª División, Frente Central, del 8 de marzo al 24 de junio de 1937. 45.ª División, Ejército de Maniobra, hasta el 25 de noviembre de 1938	07
II Grupo Skoda Ana Pauker	35.ª División desde el 30 de junio de 1937 hasta el 23 de sept. de 1938; Frentes Central, de Aragón y Levante.	01-03-06
Grupo Eslavo:	Frente de Extremadura de marzo a septiembre de 1938.	08-09-10-14
Grupo Erik:	Frente del Levante de marzo a septiembre de 1938.	11-12-13
Grupo Skoda-Baller:	11.ª División del 8 de marzo al 28 de junio de 1937. XII Brigada Internacional hasta el 27 de julio, Frente Central. Reserva de artillería del XXI Cuerpo del Ejército del Sur, hasta septiembre de 1938. Frente del Levante	02-04-05
Grupo Etienne:	XXI Cuerpo de Ejército de mayo a septiembre de 1938, Ejército del Sur.	15

Brigadas Internacionales; artillería antiaérea.		
Clement Gottwald:	Creada en enero de 1937 en Albacete y enviada al Frente de Madrid; disuelta el 25 de sept. de 1938	Checos y eslavos

estaba esperando al enemigo en el sudeste y, en su lugar, lo encontró detrás de él, y nadie podía explicárselo. La desorientación generó una gran confusión, pero los oficiales reanudaron la situación y las ametralladoras volvieron a abrir fuego. Stomatov envió una compañía para ocupar una granja en el lado derecho del frente y para establecer su puesto de comando.

Desde esa posición, dominaba el camino desde el cual el enemigo estaba tratando de rodear las colinas. Después de una breve consulta entre los oficiales, Stomatov decidió luchar para sacar a los nacionalistas de una colina en frente a su posición. El asalto se realizó con energía y, en menos de una hora, el enemigo se retiró. Durante el ataque, sin embargo, se perdieron las conexiones con la 3.ª Compañía, pero se juzgó que, por los disparos, esta todavía estaba luchando.

En el cielo, aparecieron aviones, que pasaron varias veces volando a ras del suelo para ametrallar y causar mucho daño. El enemigo empujó desde el noreste y el sureste, pero no hubo desvíos y todas las compañías lucharon con fervor. Desde la Villa del Río, otro oficial llegó por la noche con una orden lacónica: «Dispérsense, retrocedan a Montoro, el enemigo está a punto

Caballería de las Brigadas Internacionales			
Creacion	Nombre	Brigada	Disolución-reforma
9 noviembre 1936	*Grupo Caballeria Eslavo*	XII	7 enero 1937
7 enero 1937	*Grupo Internaciónal de Caballeria Garibaldi*	XII	16 enero 1937
23 febrero 1938	*Sección Caballeria Garibaldi*	XII	20 julio 1938
4 julio 1937	*Esquadron de Caballeria Dabrowski*	XIII	26 octubre 1937
27 octubre 1937	*Sección Caballeria Dabrowski*	XIII	23 septiembre 1938
2 diciembre 1936	*Esquadron de Caballeria La Marsilleise*	XIV	16 enero 1937
2 febrero 1937	*Esquadron de Caballeria La Marsilesa*	XIV	29 mayo 1937
3 enero 1937	*Esquadron de Caballeria Lincoln*	XV	9 junio 1937
29 junio 1937	*Esquadron de Caballeria Norteamericano*	XV	4 agosto 1937
10 noviembre 1937	*Sección Caballeria Lincoln*	XV	4 julio 1938
13 febrero 1938	*Sección Caballeria Europa Central*	CXXIX	30 aprile 1938

de completar el cerco». Finalmente, se restablecieron las conexiones con la 3.ª Compañía, por lo que se decidió un plan de retirada, pero la mayoría de los equipos tuvieron que abandonarse, a excepción de armas y municiones. Los hombres estaban cansados, no habían comido la víspera anterior y no tenían más víveres porque todo había caído en manos del enemigo junto con las cocinas de campaña. A las cinco de la tarde, comenzó la retirada. Quedaron atrás dos secciones de la 1.ª Compañía con dos ametralladoras, pero, con la llegada de la tarde, no fue fácil mantener el contacto con ella.

Los centinelas de la columna de Petrovich vieron sombras moviéndose con cautela. El comisario político se arriesgó e hizo contacto por voz, primero en español, luego en italiano, luego en alemán, húngaro, y serbocroata. Respondieron en este idioma, eran los hombres de la 2.ª Compañía. Mientras tanto, Stomatov intentó hacer un balance de la situación con los dos oficiales españoles, pero pronto se hizo evidente que habían perdido toda orientación. Se decidió pasar la noche en ese lugar, era el día de Navidad de 1936. A la mañana siguiente, orientándose con el sol, la marcha se reanudó y el batallón llegó al Guadalquivir. Era necesario cruzar el río y, aunque habría sido seguro, no había puentes ni vados viables. Utilizando los troncos de los árboles, se construyó una pequeña balsa, Stomatov ocupó su lugar con dos hombres, y con ellos logró llegar a la orilla opuesta, desapareciendo de la vista. A partir de ese momento, la situación comenzó a degenerar. Una parte de los hombres se dirigió a Montoro, donde había un puente, pero se topó con el enemigo, que ya había ocupado la zona.

Otra partida continuó moviéndose a lo largo de la orilla del Guadalquivir y, con caudales de suerte, logró llegar a la orilla opuesta. A su llegada a Andújar, el comisario político le contó a Morandi lo sucedido y también se enteró de la llegada de Stomatov el día anterior. Mientras tanto, los hombres del 9.º Batallón continuaron llegando a cuentagotas y, entre ellos, también los sobrevivientes de las dos secciones dejadas atrás. Atacados por una fuerte columna enemiga, los voluntarios se defendieron, pero finalmente se vieron abrumados. El comandante de la compañía estaba muerto y, probablemente, el comisario Locatelli había sido capturado. El alférez Zaccaria y otros pocos lograron escaparse, alcanzar el río y cruzarlo.

De los más de 600 hombres que salieron de Albacete, solo 231 se encontraron finalmente en Andújar, todos los demás se habían dispersado en todas direcciones, habían sido hechos prisioneros o habían caído en combate. Luigi Longo trató de justificar ese sacrificio con las siguientes palabras: «Aunque estas pérdidas son graves y dolorosas, no se puede decir que el martirio del 9.º Batallón Internacional fuese en vano. Lanzado a través de las columnas fascistas en avance, rompió el impulso ofensivo y dio tiempo a toda la XIV Brigada Internacional y a otros refuerzos españoles a llegar al campo de batalla y levantar una barrera insuperable para él». Aunque muchos de los incidentes que relató a Morandi se debieron a una serie de coincidencias, por decir, desafortunadas, lo que ocurrió en el 9.º Batallón, sin embargo, es un ejemplo de la poca preparación elocuente de los oficiales y la atmósfera reinante de la improvisación durante esos días en el bando republicano, así como la dificultad de comunicación debido a la pobre comprensión lingüística.

Fueron incontables los errores de municiones en otras ocasiones, ocurrido a veces en circunstancias igualmente dramáticas, como la experimentada en febrero de 1937, cuando los artilleros del Batallón Británico de la XV Brigada, en medio de la Batalla del Jarama, encontraron que todo lo que les habían enviado eran municiones no aptas para sus ametralladoras Maxim. En otras circunstancias trágicas, los brigadistas pagaron un alto precio por la falta de preparación del Ejército republicano; durante la defensa de Madrid en el otoño de 1936, se trató de los miembros de los primeros batallones internacionales. A mediados de diciembre de 1936, una compañía del Batallón Thaelmann estaba en una guarnición del pueblo de Boadilla del Monte, pero se encontró en medio de la retirada de los republicanos, permaneciendo aislado bajo fuego enemigo.

Cuando una sección intentó retirarse, se les confundió con un grupo enemigo en avanzadilla, terminando en medio de un terrible fuego cruzado y perdiendo así 23 hombres. Los batallones internacionales, considerados como unidades de asalto, tenían que ser capaces de realizar las tareas más exigentes y, por lo tanto, más costosas en términos de vidas humanas.

Como resultado, las unidades continuaron siendo utilizadas como un ariete, sin explotar la ventaja que podría derivarse de la potencia de fuego de los vehículos blindados.

Al comienzo de la guerra, el tiempo limitado disponible para el entrenamiento forzó la renuncia a planes demasiado sofisticados, con el resultado de enviar oleada tras oleada de hombres contra enemigos bien atrincherados. Incluso después de muchos meses después del comienzo de la guerra, las unidades internacionales atacaron de acuerdo con el patrón tradicional que seguía un avance, luego el alto y arrodillado, y nuevamente el avance.

El uso de ametralladoras, a pesar de la presencia de toda una compañía para el batallón, no confirió los asaltos la potencia de fuego necesaria, dada la pesadez y la escasa movilidad de las armas como la Maxim Soviética y la Hotchkiss francesa y solo con la llegada de las más modernas ametralladoras ligeras Degtyarev M1926 o ZB26/30 de Checoslovaquia, fue posible aumentar la eficacia de las tropas de asalto, entre las que se encontraban las Brigadas internacionales.

Aun y así, no siempre fue posible obtener una mejora apreciable de la potencia de fuego necesaria: en la víspera de la Batalla de Brunete, en julio de 1937, el Batallón Washington envió 604 hombres con 550 fusiles, 27 ametralladoras ligeras, y 8 pesadas, muy por debajo de lo que una unidad de asalto clásica habría desplegado en la Segunda Guerra Mundial. Un alto porcentaje de fusiles en comparación con el número de armas automáticas hace que sea problemático obtener un fuego de saturación efectivo contra posiciones enemigas, lo que se debe también a armas defectuosas.

▲José Hugues, un voluntario republicano de 73 años que combatió en el Frente de Aragón, septiembre de 1936. (NAC Archive)

Finalmente, si consideramos que todo el Ejército republicano sufrió por la duración de la guerra de una falta crónica de artillería pesada y aviones para atacar sobre el terreno, las causas de las derrotas y las grandes pérdidas sufridas se vuelven más claras. Estos problemas se acentuaron cuando el comando republicano decidió crear estructuras divisionales permanentes, lo que disminuyó la autonomía de las brigadas. Entre julio y noviembre de 1937 las brigadas internacionales perdieron las unidades de caballería, artillería e ingeniería, en beneficio a las divisiones en las que estaban enmarcadas, conservando en algunos casos solo las baterías antitanque y las transmisiones de la compañía. Sin embargo, no faltaron excepciones, ya que, en noviembre, la XV Brigada aún mantenía sus ingenieros, mientras que la XIV tenía todavía caballería; además, en ese mismo período la brigada se encontraba en la 3.ª División republicana, y fue transferida al 45.º tan solo al marzo siguiente. Si, en teoría, la separación de las otras formaciones de la infantería tendría que mejorar la flexibilidad y la efectividad táctica de las unidades, esta reforma causó, en cambio, un empeoramiento de las capacidades militares, ya que agravó la inferioridad del armamento con respecto a las unidades rebeldes. Como ejemplo, citando las dos divisiones principales en las que se enmarcaron las Brigadas Internacionales a finales de 1937, la 45.ª División tenía tres baterías de artillería, pero equipadas con un único cañón de 75 mm que se remontaba a fines del siglo pasado, mientras que las otras piezas eran en su mayoría de calibres inadecuados para cubrir fuegos de cobertura o bombardeo; la otra división, la 35.ª, estaba en mejores condiciones, pero tuvo que conformarse con solo nueve piezas de 76 mm capturadas el verano pasado a los sublevados.

A pesar del fortalecimiento de las divisiones, que a veces incluían un batallón de reserva, como en el caso de la 45.ª División, además de una batería antitanque, los hombres disponibles solían ser menos de los necesarios. La 45.ª División, la más fuerte entre las "extranjeras", desplegó 9.855 hombres, mientras que la 35ª alcanzó los 6.800, menos que la fuerza teórica de dos brigadas mixtas. El problema no era novedad y esta debilidad aporta nuevos motivos para explicar las dificultades en que se movían las Brigadas Internacionales.

En el momento de la retirada de Aragón en la primavera de 1938, la mayoría de las unidades de artillería internacionales, 15 baterías con solo 30 piezas de calibre de más de 75 mm, se encontraban dispersas entre cinco ejércitos o cuerpos de ejército diferentes.

LA CAMPAÑA DE LAS BRIGADAS INTERNACIONALES

XI BRIGADA INTERNACIONAL

El 22 de octubre de 1936, se formó la 9.ª Brigada Móvil en Albacete, formada por la unión de los batallones Jorge Hans (más tarde Edgar André), Garibaldi y Commune de Paris. Mientras que el primer cuerpo estaba formado principalmente por alemanes, incluidos algunos austríacos, belgas flamencos, holandeses, polacos, y otros voluntarios de Europa del Este, el segundo era predominantemente italiano, al que se había agregado un grupo de voluntarios de Toulouse, pero de origen español. El último batallón estaba compuesto por franceses y belgas, con una compañía de rifles completamente británica, además de una compañía de ametralladoras formada por los voluntarios polacos de la Sección Dabrowski, que ya formaba parte de la Centuria Gastone Sozzi, que a su vez se convirtió en la 3.ª Compañía del Batallón Garibaldi. Tres días después, la brigada se extendió a 5 batallones con la adición de los batallones en instrucción Dabrowski y Thaelmann. La primera unidad se constituyó reuniendo a los polacos reunidos en Albacete con los compatriotas ya presentes en la Commune de Paris y se completó con otros voluntarios de los países balcánicos. El 2.º Batallón se originó a partir de la Centuria Thaelmann, que había combatido en Aragón en la milicia del PSUC y también incluía una sección de ametralladoras británica. El personal de la brigada se completó con una batería de artillería, bajo las órdenes del capitán francés Agard. El 1 de noviembre, la brigada tomó el nombre final de XI Brigada Internacional y se puso bajo las órdenes del General Manfred Stern, alias Emilio Kléber; el comisario político Mario Nicoletti, pseudónimo de Giuseppe Di Vittorio; y el jefe de Estado Mayor Jean Marie François, conocido como Geoffrey, que hasta entonces había ordenado la unidad. En la víspera de la partida hacia el Frente de Madrid, el Batallón Edgar André se expandió con la creación de una sección de ametralladoras francesa. También se agregaron a la brigada de una compañía de zapadores y un Estado Mayor, además de una sección de artillería formada por voluntarios franceses y belgas bajo el mando de un abogado de Bruselas, el socialista Pierre Brachet. El 7 de noviembre de 1936, la brigada partió hacia el frente central, pero sin el Batallón Dabrowski, todavía sin entrenamient;, el Garibaldi y el Thaelmann, con armamentos incompletos, se transfirieron a otras unidades, y fueron reemplazados por un batallón español. Los hombres de Kléber tomaron posición en la noche del 8 al 9 de noviembre en el sector entre Ciudad Universitaria y Casa del Campo, con el centro en dirección al Puente de los Franceses. El bautismo de fuego llegó a la mañana siguiente y comenzaron diez días de lucha furiosa, apoyada con valor, pero pagada con una alta tasa de pérdidas, para obligar al comando a reemplazar a los batallones agotados del XI con los de la recién llegada XII Brigada a Madrid. El 28 de noviembre, después de ser

▲ Penchienati y Giorgi (mayor y capitán del Batallón Garibaldi, respectivamente) en la primavera de 1937. Lucen la cazadora, una chaqueta corta de una sola línea de botones o cremallera, de tela con bolsillos en el peto de Penchienati, y de cuero sin bolsillos en el caso de Giorgi, en el que se cosieron las insignias de grado. Los pesados pantalones de tela eran de todos los tonos marrones y caquis, y se usaban sueltos, o atados y metidos en los zapatos. La fotografía original se publicó en sentido inverso. (*Archivo del autor*)

▶ Esta foto fue publicada en *The Guardian* en diciembre de 2009, en respuesta a un llamamiento lanzado por el Gobierno español para identificar la identidad del voluntario afroamericano aquí representado. La imagen, una vez identificada, sería entregada al presidente Barack Obama, del que se esperaba su visita a Madrid para el año 2010. La fotografía probablemente se remonta a diciembre de 1936, es decir, la llegada del contingente estadounidense a Barcelona, y se cree que el joven voluntario retratado se encontraba entre los muertos del Jarama en febrero de 1937. Después de algunas semanas de investigación en los archivos de la Brigada Abraham Lincoln, y después de un intenso intercambio de mensajes en la página web del periódico, se presentaron dos identidades posibles: Milton Herndon de Chicago y Paul Williams de Ohio; sin embargo, algunos han sugerido que podría ser un voluntario cubano que llegó a Barcelona con sus compatriotas en el mismo período que los estadounidenses. (The Guardian, *12 de diciembre de 2009*) utilizada en la retaguardia para limpiar los escombros, la brigada regresó a las posiciones anteriores. La calma relativa permitió una reorganización de la unidad, que recibió nuevamente el Batallón Thaelmann, completado con cuatro compañías, dos de las cuales eran alemanas, una polaca y una balcánica, más un pelotón de cuatro tanques de combate bajo las órdenes de un oficial italiano. El mando de la brigada fue asumido por el alemán Hans Kahle, y la jefatura de Estado Mayor, por Ludwig Renn. Bajo su dirección, la XI fue enviada al área noroeste para defender la carretera de La Coruña, cerca de Ciudad Universitaria, donde murió en circunstancias poco claras el perspicaz y apreciado Hans Beimler, comisario político del Batallón Thaelmann, A mediados de diciembre, la brigada estuvo involucrada en la violenta lucha de Boadilla del Monte, que continuó durante ocho días, y la unidad perdió un cuarto del personal. Esto determinó su retirada del frente el 23 de diciembre de 1936. Después de un breve período de descanso, los batallones volvieron a tomar posición en la línea del frente para defender la carretera de La Coruña. En enero, la lucha tuvo lugar en condiciones prohibitivas, las heladas y la niebla a menudo hacían los enfrentamientos aún más amargos y dolorosos, lo que causó grandes pérdidas en ambos lados, por lo que a principios de febrero la brigada fue enviada a la retaguardia de Murcia para reorganizarse. Los tres batallones de la brigada se integraron con nuevos voluntarios llegados a Albacete: unos sesenta franceses pasaron a formar parte de la Commune de Paris, se enviaron los alemanes y los austríacos al Batallón Edgar André, mientras que diversos extranjeros pasaron al Thaelmann, que en ese momento tenía en sus filas voluntarios de once nacionalidades diferentes. Para la finalización del personal fue necesario recurrir también a los reclutas españoles. Hasta la retirada en septiembre de 1938, la brigada luchó en todas las grandes acciones bélicas. A mediados de febrero se desplegó con la 11.ª División en el sector sur del Frente de Madrid, donde tomó parte en la Batalla de Jarama. El 8 de marzo de 1937, cuando los italianos del *Corpo Truppe Volontarie* de Mussolini lanzaron la ofensiva en dirección a Guadalajara, la XI Brigada fue la primera unidad republicana con la que entraron en contacto. La batalla duró todo el día en torno a la unión entre Torija y Trijueque e, incluso cediendo, los hombres de la Hans Beimler -nombre asumido por toda la brigada desde febrero- ralentizaron el avance del oponente, dando paso a la organización con éxito de la contraofensiva que luego abrumó a los atacantes. Guiada desde el 31 de marzo por Richard Staimler y trasladada a la 35.ª División, en la brigada se alinearon cuatro batallones internacionales y dos españoles, un total de 3.565 hombres. El recién constituido Batallón Hans Beimler, formado con voluntarios alemanes, holandeses, y flamencos de Bélgica, entró junto al batallón de mayoría austriaca Zwölfte Februar, ambos de cuatro compañías de fusileros; mientras tanto, se trasladó la Commune de Paris a la XIV Brigada. Durante la Batalla de Brunete, los batallones de la XI atacaron frontalmente las trincheras enemigas en Quijorna, en los cruces de los caminos entre Brunete y Alarcón, experimentando pérdidas muy elevadas, por lo que fue necesario retirarse de la vanguardia para una nueva reorganización. Volviendo a la primera línea de Aragón, la XI Brigada -que, a partir de julio, se convirtió en la Brigada Ernst Thaelmann- asoló las líneas nacionalistas en Mediana el 23 de septiembre, durante la Batalla de Belchite. En esa batalla cayó el tenaz comandante del Batallón Thaelmann, Georg Elsner. Durante los combates en Aragón del otoño de 1937, la brigada pasó a las órdenes de Heinrich Rau y, con el nuevo comandante, participó en los sangrientos enfrentamientos de Teruel. Los hombres de Thaelmann lucharon con firmeza el 29 de diciembre en la defensa del sector de Concud. A continuación, del 5 al 8 de enero, lucharon osadamente cerca de La Muela de Teruel por la posesión de tres cotas que cambiaron de dueño varias veces, y finalmente en febrero se vieron involucrados en la defensa del sector de Alfambra. Las pérdidas en dos meses de combates fueron muy altas, pero la emergencia no permitió la retirada de la brigada, que se desplegó de nuevo a primera línea el 9 de marzo hasta el colapso final de la vanguardia, obligándola a retroceder hacia el sur y, finalmente, a afianzarse en Favara. La desastrosa retirada republicana comprometió todas las resistencias, y los restos de la brigada marcharon para reunirse con el Ejército republicano en Cataluña. Al final de la desbandada, el personal se redujo a términos mínimos: la brigada podra desplegar menos de 500 soldados; habían sido aniquiladas compañías enteras. El Batallón Thaelmann contaba con solo 80 hombres capaces de luchar. Ya disuelto el Batallón Beimler para amalgamarlo con el resto y reconstituirlo con reclutas españoles, la XI Brigada fue internacional tan solo gracias a los veteranos que aún se encontraban en las filas de aquellas unidades que conservaban las denominaciones originales. El 25 de julio, bajo el mando de Otto Flatter, nombre de batalla del futuro Ministro de Asuntos Exteriores húngaro, Férenc Münnich, la brigada cruzó el Ebro y penetró profundamente a pocos kilómetros de Gandesa. Para la conquista de ese objetivo clave fue necesario atacar las posiciones enemigas del Puig de l'Àliga y así, después de un período pasado en la primera línea a lo largo de la carretera de Pinell a Gandesa, los hombres de Flatter se hicieron cargo de la XV Brigada y, el 16 de agosto, se lanzaron al asalto de ese objetivo, en un intento desesperado de avanzar donde tantas otras unidades republicanas habían arrastrado su sangre sin resultado

◄ La puerta de entrada del Palacio de Ibarra, donde se capturó a los artilleros del *Corpo Truppe Volontarie* de Mussolini, arrestados por los voluntarios del Batallón Garibaldi en la última fase de la Batalla de Guadalajara. El 17 de marzo de 1937, se enfrentaron por primera vez combatientes italianos de bandos opuestos, en una dramática anticipación de la Guerra Civil de 1943-45. La Batalla de Guadalajara se libró en condiciones climáticas extremadamente adversas; la lluvia y las heladas azotaron el campo de batalla durante la duración de los combates, obligando a las unidades a financiar existencias de equipamiento de invierno, como se puede observar en los dos combatientes retratados. *(Archivo del autor)*

alguno. Desplegados a finales de mes en defensa de la Serra de Pàndols, los restos de la brigada repelieron los ataques enemigos durante tres días. Luego, fueron trasladados al valle de Venta de Camposines, desde donde se retiraron en dirección a la Serra de Cavalls, incapaces de defender una posición tan amplia. El 22 de septiembre, tras la retirada de voluntarios extranjeros, la XI Brigada se convirtió en una unidad íntegramente española. Reconstituida el 26 de enero de 1939 con voluntarios alemanes y austríacos que aún se encontraban en Cataluña, la nueva XI Brigada estaba compuesta por dos pequeños batallones enmarcados junto con la XIII Brigada en la Agrupación bajo las órdenes del polaco Henryk Torunczyk, que formó la retaguardia de la columna de refugiados que acudió a Francia en febrero..

XII BRIGADA INTERNACIONAL

Junto a su precedente, la XII brigada contaba con el mayor número de combates respecto cualquier otra unidad internacional. Originalmente formada en Terrazona y Mayora con los batallones Garibaldi, Thaelmann y André Marty, la unidad estaba al mando del húngaro naturalizado soviético Maté Zalka, alias Paul Lukács; el jefe de Estado Mayor era Karlo Lukanov, llamado Coronel Bielov, y el comisario político, Luigi Longo, reemplazado en la víspera de la partida del frente por el alemán Gustav Regler. Los batallones esperaban completar su equipo, pero la emergencia determinada por la ofensiva enemiga sobre Madrid aceleró los tiempos y, así, el 9 de noviembre, los hombres partieron hacia el frente, asignados al cuerpo de las Reservas Generales Adjuntas al Estado Mayor Central. La brigada desplegó 1.600 hombres, sin apoyo de artillería y el Batallón André Marty solo pudo desplegar una compañía de ametralladoras y dos de fusileros. Las últimas consistían en valones franceses y belgas, además de algunos suizos francófonos y españoles residentes en Francia. Una formación de caballería exploratoria, integrado principalmente por polacos y yugoslavos, completaban la formación. El 13 de noviembre, los tres batallones atacaron en el sector sur de la ciudad, en el Cerro de Los Ángeles, un convento fortificado que protegía el flanco derecho de la línea enemiga, obteniendo una importante victoria contra una posición fortificada y defendida por tropas regulares. Una semana más tarde, los hombres de Lukács reemplazaron a la XI Brigada en defensa de Ciudad Universitaria, donde, durante siete días, lucharon ferozmente casa por casa, defendiendo el distrito de los violentos ataques enemigos con los incansables fuegos de artillería y bombardeos aéreos. La brigada se retiró de ese sector el 27 de noviembre para reorganizarse. Habiéndose cedido el Batallón Thaelmann a la XI Brigada, el personal se recuperó con los hombres del Dabrowski, recién llegados de Albacete y, con estos efectivos, se enfrentaron nuevamente con los enemigos en los sectores de Aravaca y Pozuelo. Antes de finales de año, se desplegó para defender la carretera de La Coruña, donde infligió grandes pérdidas a los enemigos durante la defensa de Boadilla. A principios de enero de 1937, la unidad de caballería exploratoria se incrementó a la fuerza de una pequeña formación llamada Grupo Internacional de Caballería. A comienzos del nuevo año, bajo las órdenes de Randolfo Pacciardi, que reemplazó a Lukács, ausente por unos días, la brigada se desplegó en el Frente de Guadalajara, donde atacó los pueblos de Mirabueno y Los Almadrones, conquistados entre el 12 y el 14 de enero, aunque el avance se detuvo tres días después en el Monte de San Cristóbal. El 6 de febrero, los rebeldes desataron una ofensiva en el valle del Jarama, lo que obligó al mando republicano a usar todas las fuerzas disponibles; la brigada, parte de la 11.ª División del general Enrique Líster, desplegó sus

▲ La portada de la revista del batallón canadiense Mackenzie-Papineau, de la XV Brigada, que reproduce la insignia de la unidad. Cada batallón de las Brigadas Internacionales imprimió su propia revista donde aparecían escritos artículos en los idiomas predominantes de los batallones y, por supuesto, también en español. La primera publicación italiana, por ejemplo, fue *Noi passeremo* (Nosotros pasaremos) en febrero de 1937. Otra revista de la XII Brigada, *Il Garibaldino*, fue la más antigua entre las Brigadas Internacionales, publicada desde mayo de 1937 hasta septiembre de 1938. *(Archivo del autor)*

batallones para defender los puentes de Arganda y Pindoque, donde el batallón André Marty fue abrumado por un asalto enemigo repentino, y en la retirada perdió muchos hombres y material bélico. El 8 de marzo, durante la lucha alrededor de Guadalajara, los batallones Dabrowski y Garibaldi con André Marty en cabeza, y apoyados por una compañía blindada, fueron enviados apresuradamente junto con as unidades españolas para defender el sector de Alcarria, para oponerse a los italianos de la División Littorio; cuatro días más tarde, continuaron contraatacando. El Batallón Garibaldi, con los otros dos batallones cubriendo sus flancos, recibió órdenes de atacar las fortificaciones del Palacio de Ibarrra, donde había una batería de artillería enemiga. Los garibaldinos rechazaron un intento del Ejército italiano de romper el cerco. Luego, a través de una brecha, penetraron en el complejo y derrocaron a los defensores, que se rindieron luego de una breve resistencia. Entre el botín de los garibaldinos se contaba un total de 262 prisioneros con una gran cantidad de material de guerra consistente en tractores de artillería, tres cañones, seis camiones, ametralladoras, motocicletas, comida y otros equipos, el sello de un éxito con efectos devastadores para la propaganda de Mussolini. Durante la contraofensiva republicana, la brigada ocupó Brihuega el 13 de marzo y, antes de que acabara el mes, apoyó otras luchas en Morata de Tajuña y Cerro Garabitas. Luego fue trasladado al sector de Huesca, en el Frente de Aragón, donde, en junio de 1937, participó en la ofensiva republicana y perdió a su comandante, el general Lukács, caído por el fuego de artillería rebelde. Enviada a la retaguardia de Tortosa, Fuencarral y Valdeavero, la brigada se reorganizó con la incorporación de nuevos batallones formados con voluntarios italianos y reclutas españoles, pero cedió el Batallón Dabrowski y el André Marty a la CL Brigada. Uno de los nuevos batallones tomó el nombre de Figlio, mientras que el otro se identificó como el II Batallón Italo-Español. Por orden de Randolfo Pacciardi, la brigada, ahora asignada a la 45.ª División, XXI Cuerpo del Ejército de Maniobra, fue enviada a principios de julio al sector de Brunete y lanzada al asalto de Villanueva del Pardillo, que fue conquistada después de una feroz lucha. Más tarde, el 11 de julio, el destino de la batalla cambió y las posiciones conquistadas fueron abandonadas una después de otra. A fines de mes, las tropas se enviaron a la retaguardia para reorganizar las unidades. Pacciardi, herido en combate, cedió el comando al socialista Carlo Penchienati, que lo mantuvo hasta

el final del siguiente agosto, y luego lo dio al comunista Nino Raimondi, que comandó la XII Brigada durante la ofensiva en Belchite. Durante los combates de agosto de 1937, la XII brigada atacó las trincheras enemigas en Farlete; luego, al final de la ofensiva, fue enviada de nuevo a reorganizarse en Binefar, donde se procedió a un nuevo cambio de mando con la llegada del francés François Bernard. Transferidos a Extremadura, al sector de Sierra Quemada, los garibaldinos lucharon durante la ofensiva republicana de este frente, donde permanecieron hasta final de año. El nuevo comandante Arturo Zanoni, segundo de Bernardo desde noviembre de 1937, fue destituido tras el fracaso del ataque nocturno del 16 de febrero, que finalizó con la ruinosa retirada de los republicanos, y fue reemplazado por el mayor español Eloy Paradinas Quero. En marzo de 1938, la XII Brigada llegó al frente de Aragón para contrarrestar la ofensiva enemiga contra Mediana, desde donde se retiró para defender la carretera Gandesa-Tortosa. En el trayecto, toda una compañía permaneció aislada y se perdió, incluido el comandante Paradinas y el comisario político Quinto Raimondi, alias Battistatta, que cayó en manos de los rebeldes y fue fusilado en Gandesa el 2 de abril. Por orden del comunista italiano Martino Martini, pseudónimo de Alessandro Vaia, la brigada pasó un período de descanso en Cataluña para reorganizarse. Se le agregaron al grupo de artillería Skoda-Baller tres baterías, se disolvió la unidad de caballería, y los batallones se completaron recurriendo, principalmente, a reclutas locales. El siguiente julio, la Garibaldi fue enviada de nuevo a Aragón para participar en la ofensiva del Ebro. Hasta el 14 de agosto, los batallones de la Garibaldi se convirtieron en parte de la reserva; luego, a partir de esa fecha, se trasladaron a la línea del frente para reemplazar las unidades de la 11.ª División en el sector de la Serra de Pàndols. Se dirigieron al asalto de posiciones enemigas en el Puig de l'Àliga, conocida como la Cota de la Muerte. Los batallones agotados de la XII tomaron posesión de la cumbre a altas horas de la noche. En septiembre, el escenario de batalla se trasladó al sector de la Venta de Camposines, donde la brigada sufrió numerosas pérdidas en la lucha en torno a las cotas 382, 356, 371 y el Coll del Cosso. Así, el 23 de septiembre, los voluntarios extranjeros comenzaron a retirarse. En enero de 1939, durante el avance rebelde sobre Cataluña, los brigadistas italianos que esperaban ser trasladados a través de la frontera reconstituyeron un embrión de la Brigada Garibaldi, enmarcado en la Agrupación Szuster, con la intención de unirse a las fuerzas republicanas en la defensa de Llagostera, pero cualquier posibilidad de resistencia desapareció y, el 9 de febrero, llegaron a Francia a través de la carretera costera. Se estima que en los campos de refugiados franceses transitaron un mínimo de 1.533 voluntarios italianos.

XIII BRIGADA INTERNACIONAL

Establecida en diciembre de 1936, y confiada al comandante alemán "Gómez" alias Wilhelm Zeisser, con su compatriota Albert Schindler como jefe de Estado Mayor, y como comisario político el polaco Suckanek, la XIII Brigada estaba formado por tres batallones de infantería -el Louise Michel, el Henri Vuillemin y el Tchapaiev-, además de una compañía de reserva formada por voluntarios yugoslavos y búlgaros. Los dos primeros batallones estaban compuestos por franceses y belgas, completados por reclutas españoles. El Batallón Tchapaiev (también conocido como Capaiev o Chapáyev), que, curiosamente tomaba su nombre de un personaje de una película de propaganda soviética de la década de 1930, lo lideró el comunista suizo Otto Brunner y se desplegó con 625 hombres de diversas nacionalidades. La mayoría provenía de los países balcánicos, pero también había alrededor de ochenta suizos y una sección de ametralladoras austríacas, mientras que una compañía era totalmente polaca y llevaba el nombre del poeta Adam Mickiewicz. Según algunos autores, también se incluyeron voluntarios en la XIII Brigada. La unidad llegó al Frente de Aragón el 27 de diciembre de 1936 en el sector de Teruel, y participó en los asaltos a las líneas rebeldes del 31 de diciembre y el 2 de enero. La Compañía Mickiewicz se destacó en el violento enfrentamiento que tuvo lugar en el cementerio de Teruel, haciendo rehuir a sus adversarios, aunque perdió un tercio del total. Mucho

▲ Los voluntarios llevaban a menudo un mono de trabajo azul, coloquialmente llamado "traje de buzo" por los milicianos.

peor fue el destino del Batallón Tchapaiev, que perdió casi la mitad de la fuerza desplegada, mientras que el Henry Vuillemin se vio afligida por la pérdida y deserción de su comandante, el mayor Henri Dupré, que pasó al bando enemigo provocando un auténtico escándalo en el Partido Comunista Francés. El siguiente enero, la brigada fue enviada a la retaguardia para reorganizarse. El Batallón Louise Michel se disolvió para completar la tropa de los otros, aunque también fue necesario reclutar reclutas españoles, como los 250 refuerzos destinados al Batallón Tchapaiev. En febrero de 1937, la brigada se envió a Murcia, al sector de Málaga, donde participó en los asaltos inconclusos contra Motril y Pitres. Luego, el 18 de febrero, fue trasladado al Frente de Andalucía y reforzado con un batallón de la CNT. Los batallones Vuillemin y Capaiev se desplegaron en Pozoblanco, desde donde partieron a la conquista de Santa María de la Cabeza a principios de marzo. Las temperaturas exorbitadas causaron muchos inconvenientes a los brigadistas, pero los batallones permanecieron en la línea del frente hasta el 27 de marzo. Entre abril y mayo, la brigada se reforzó con otros dos batallones españoles. Trasladado al frente extremeño, el 4 de abril, los dos batallones internacionales participaron en la ofensiva en el sector de Peñarroya y la conquista de Valsequillo, La Granjuela y Los Blázquez, consolidando las posiciones alrededor de El Terrible y rechazando los contraataques hasta el 6 de abril. Pero la posterior conquista de las alturas de Sierra Noria fracasó, y la ofensiva tuvo que ser suspendida. La XIII Brigada apoyó

Pérdidas sufridas por la Brigada Internacional en la Batalla de Brunete (7-16 de julio de 1937)						
Brigada	antes	después	muertos	heridos	desaparecidos	total
XI	3.555	2.390	165	519	200	1.165
XII	2.134	1.658	78	295	103	476
XIII	1.967	868	278	610	211	1.099
XIV	1.643	1.600	5	30	8	43
XV	2.144	915	293	747	189	1.299
CL	1.910	1.640	121	320	50	491

Fuente: Niccoló Capponi: Legionari Rossi, le Brigate Internazionali nella guerra civile spagnola (1936-1939) / Manuel Requena Gallego (ed.): La Guerra Civil Española y las Brigadas Internacionales.

► Los voluntarios del Batallón Garibaldi se preparan para llegar al Frente de Guadalajara en marzo de 1937. La victoria de los republicanos fue ampliamente celebrada por la prensa de los brigadistas y tuvo un gran eco gracias a la propaganda del Komintern. Una miríada de periodistas extranjeros se apresuró después de la batalla a presenciar la victoria de los garibaldinos sobre las tropas enviadas por Mussolini. Un corresponsal del *New York Times* escribió: «no ha habido nada más llamativo desde el final de la Gran Guerra que esta derrota italiana en el Frente de Guadalajara». A través de estos artículos se consagró el valor de los voluntarios de las Brigadas Internacionales, pero la contribución del Ejército republicano ocupó el segundo lugar, cuando, en cambio, había tenido un papel decisivo. *(Archivo del autor)*

otras batallas de retaguardia, luchando contra el *Corpo Truppe Volontarie* en Campillo de Llerena. Luego, todas las unidades se enviaron a la base de Albacete. El Krieger italiano, nombre de batalla del comunista Vincenzo Bianco, reemplazó a Zeisser como comandante, mientras el polaco Tadeusz Oppman tomaba el lugar de Schindler como jefe de Estado Mayor, y el político yugoslavo Blagoye Parovic era nombrado comisario político. Asignada a la 15.ª División, III Cuerpo del Ejército del Centro, la XIII Brigada fue enviada al flanco izquierdo del sector de Brunete. El 5 de julio, sus batallones avanzaron sobre Villanueva de la Cañada, donde se desataron enfrentamientos por el control de la zona durante todo el día. Los enfrentamientos continuaron en la noche; la brigada perdió al comisario político Perovic, reemplazado por el ítaliano Camen, el nombre de batalla del comunista Giancarlo Pajetta. El 8 de julio, el Batallón Tchapaiev tomó las trincheras de Villafranca al enemigo, defendiéndola al día siguiente ante impetuosos contraataques enemigos. El agotamiento físico y las pérdidas causaron el motín de toda la brigada, que, desobedeciendo la orden de regresar al frente, se dirigió a Madrid. Los alborotadores fueron desarmados por los Guardias de Asalto y por tanques enviados por el gobierno. Los líderes de la revuelta fueron arrestados, los comandantes fueron cesados y la unidad se disolvió. La XIII Brigada se reconstituyó en Albacete el 4 de agosto de 1937 con los batallones Dabrowski y Palafox, además del batallón de mayoría húngara Rakosi de la CL Brigada. El comando se confió al comunista polaco Jan Barwinski, el puesto de jefe de Estado Mayor y el comisario político en cargo recayeron en los mismos oficiales hasta julio. Como resultado de la mayoría de los voluntarios de Polonia, la brigada tomó el nombre del revolucionario decimonónico Jaroslaw Dombrowski. Los hombres del Dabrowski, desplegados en el sector de Belchite el 25 de agosto, se lanzaron al asalto del pueblo de Villanueva de Gállego, con impulso, pero, a tan solo 4 km de Zaragoza, fueron vapuleados por un contraataque enemigo y se encontraron bajo fuego de artillería en campo abierto. Después de tres días de lucha furiosa, la brigada se vio obligada a retirarse. Del Batallón Dombrowski solo se salvaron 200 hombres de 700, mientras que el Palafox fue prácticamente aniquilado. El destino del Rakosi, que lamentó la pérdida de 231 hombres, no fue mucho mejor. El 11 de octubre los supervivientes volvieron a lanzarse al asalto en dirección a Fuentes de Ebro, pero debido a las condiciones de debilidad y agotamiento de las formaciones, la acción se limitó al flanco de la XV Brigada Internacional. La XIII Brigada fue enviada a Binazet para reorganizarse, recibiendo un nuevo batallón de mayoría polaca llamado Adam Mickiewicz. El 3 de febrero de 1938, la XIII Brigada tomó otra posición en el Frente de Extremadura para participar en la ofensiva de las Sierras Quemadas, planeada para aliviar presión sobre el Frente de Teruel. Los primeros días de la batalla fueron relativamente violentos. A partir del 16 de febrero, los republicanos intensificaron los ataques contra las trincheras enemigas, y las conquistaron a un alto precio. Durante los enfrentamientos, llevados a cabo bajo una lluvia incesante y en terreno muy abierto, la ruta republicana desbordó los batallones Palafox y Mickiewicz, que se retiraron precipitadamente. El 10 de marzo, todas las unidades de brigada fueron transferidas al frente de Aragón, donde permanecieron involucradas en el avance de las líneas republicanas en el sector de Belchite. La retirada se detuvo en Caspe, donde la brigada se situó para defender el paso a la Sierra del Vizcuerno. A partir del 17 de marzo, el Batallón Dabrowski apoyó los ataques del enemigo contra Caspe con firmeza, a pesar de sufrir enormes pérdidas. Retirándose del frente, sin tiempo para reagruparse, la brigada se dirigió a Lleida y se posicionó a defender la carretera de Monzón. La obstinada resistencia del Ejército republicano no impidió la caída de la ciudad. Sin embargo, la XIII Brigada se retiró ordenadamente y cruzó el río Segre tomando posición en Vilanova de la Barca. En el contexto de la represión ordenada por Moscú contra la directiva del Partido Comunista Polaco, a mediados de abril el coronel Barwinski fue relevado por el soviético Mihail Kharchenko. Durante la Batalla del Ebro, la Brigada XIII se encontraba en el cuerpo de vanguardia que, el 25 de julio de 1938, cruzó el río hacia Ascó, avanzando hasta la Venta de Camposines. En los días siguientes, la unidad fue desplegada en el Vértice Gaeta, para apoyar la presión enemiga en el terreno, luchando hasta el 22 de septiembre, el día en que se emitió la encomienda de retirada de los voluntarios internacionales. El 1 de octubre se creó una nueva XIII Brigada, formada exclusivamente por unidades españolas, hasta que, el 23 de enero de 1939. con los dos batallones Dombrowski y Rakosi, formados por voluntarios húngaros y polacos en Cataluña, se reconstituyó la XIII Brigada Internacional. El comando de la unidad se le dio al polaco Henryk Torunczyk, reemplazado el 26 de enero por el húngaro Miklos Szalvay, de nombre de batalla Capaiev, ex comandante del Batallón Edgar André de la XI Brigada. La nueva XIII Brigada se desplegó en defensa en Cassà de la Selva, enmarcada en el grupo de Torunczyk; pero el 7 de febrero, después de haber encontrado imposible continuar la lucha, los sobrevivientes cruzaron la frontera hacia Perthus y se refugiaron en Francia.

XIV BRIGADA INTERNACIONAL

La XIV Brigada fue constituida como brigada antes de diciembre de 1936, y enviada con gran prisa al Frente de Andalucía bajo las órdenes del general Walter (el polaco Karol Swierczewski). Más tarde, en febrero de 1937, el comando pasó al estonio Joseph Putz; la jefatura del Estado Mayor al italiano Aldo Morandi, también conocido como Riccardo Formica, y la comisaría política al francés André Heusler. La XIV fue inicialmente la más internacional de las brigadas, donde, en la práctica, todas las tasas supernumerarias de las nacionalidades presentes en Albacete se concentraron antes de finales de 1936: el Batallón La Marseillaise incluía principalmente franceses, excepto la 1.ª Compañía, compuesta a la salida de Albacete por 145 británicos; el Batallón Henry Barbusse era mayoritariamente francófono, mientras que en el Vaillant Coturier, la 1.ª Compañía estaba compuesta por alemanes, y las otros tres eran francesas y belgas; finalmente, el 4.º Batallón, Nueve Naciones, incluía a polacos, yugoslavos, búlgaros, rumanos, húngaros, franceses, belgas, italianos, alemanes, checoslovacos, griegos y albaneses. Este último batallón era una unidad especial, formada por una sola compañía de fusileros y tres ametralladoras. La brigada se vio fuertemente comprometida en la vanguardia de Andalucía, en los sectores de Córdoba, Lopera y Andújar, donde, entre

8º BATALLÓN

TCHAPAIEF

XIII INTERNACIÓNAL

▲ El Batallón Tchapaief tomó su nombre de un personaje de una película de propaganda soviética, que se hizo muy popular entre los comunistas de toda Europa a principios de los años treinta. Bandera, sobre un fondo rojo con inscripciones y franjas en amarillo. Las dimensiones, alrededor de 120 x 130 cm.

Insignias de grado del Ejército Popular introducidas en noviembre de 1936 (exhibidas en las mangas sobre las muñecas, en la gorra, o en el pecho).

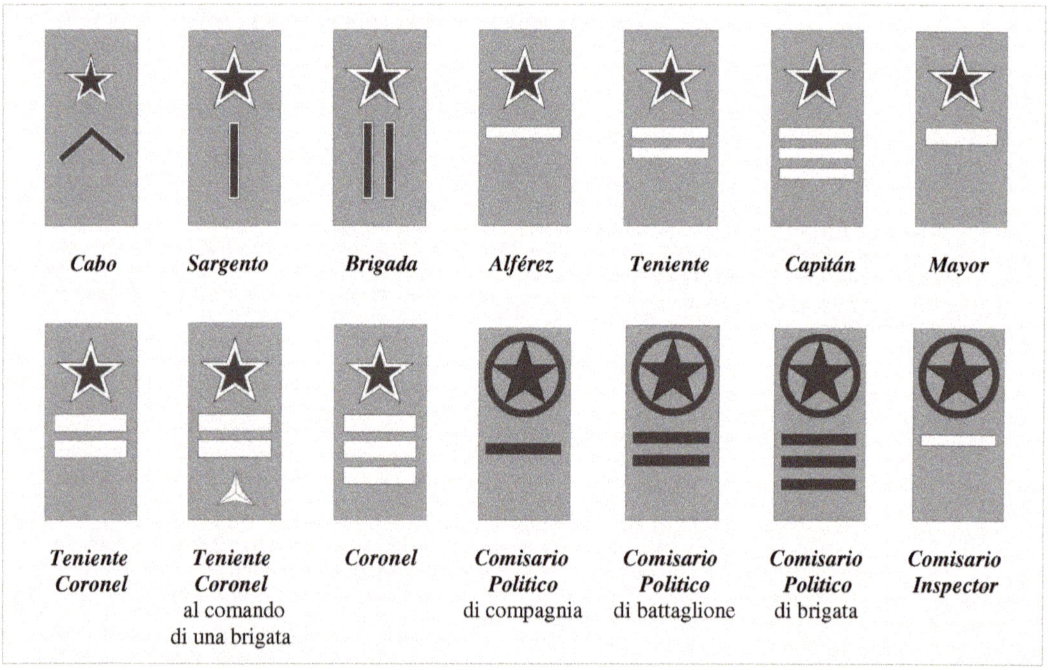

| Cabo | Sargento | Brigada | Alférez | Teniente | Capitán | Mayor |

| Teniente Coronel | Teniente Coronel al comando di una brigata | Coronel | Comisario Politico di compagnia | Comisario Politico di battaglione | Comisario Politico di brigada | Comisario Inspector |

Notas: *La parte inferior es de tela caqui. Las estrellas desde cabo hasta brigada eran de hilo rojo subrayado con amarillo; los de alférez a coronel eran de hilo rojo con contorno dorado. El cheurón del grado de cabo era de tela blanca rodeada de blanco; las barras de sargento y brigada, de hilo rojo con contorno amarillo; los grados superiores, todo de hilo dorado. Las estrellas y los barrotes del rango de los comisarios políticos eran de hilo rojo, mientras que las barras de los comisarios inspectores eran de hilo dorado. El mando de una brigada, confiada en ciertos casos a un mayor, estaba indicada con una estrella de tres puntas de alambre de plata, dos estrellas identificaban a un comandante de división, y tres a un comandante de Cuerpo de Ejército.*

▲ Randolfo Pacciardi (1899-1991), comandante del Batallón Garibaldi y más tarde la XII Brigada, con una chaqueta impermeable acolchada con piel, similar a otra distribuida a los oficiales de las primeras unidades brigadistas, y un pasamontañas caqui con la insignia del rango de mayor del Ejército español, pero del tipo utilizado hasta septiembre de 1936. A diferencia de otros antifascistas italianos en el exilio, Pacciardi inicialmente no participó en la formación de unidades de voluntarios, porque se oponía a trabajar para un bando extranjero y solo en octubre de 1936 se unió al acuerdo constitutivo de la Legión antifascista italiana, nacida en París bajo el patrocinio político de los partidos socialista, comunista y republicano. Designado como comandante de la Legión dedicada a Giuseppe Garibaldi, Pacciardi llegó a Albacete a finales de mes, permaneciendo al frente del batallón y luego de la brigada hasta junio de 1937. (*Cortesía del Instituto Storico Grossetano della Resistenza e dell'Età Contemporanea*)

▶ En primer plano, tres voluntarios del batallón de mayoría alemana Edgar André, XI Brigada Internacional, retratados en la retaguardia del Frente de Guadalajara, en la primavera de 1937. Las chaquetas azul oscuro del viejo mono, en el centro, usadas sobre pantalones con cinturón del Ejército de regulares, se alternaban con camisas de varios tonos caqui o arena, según el estándar de vestimenta característico y variado de las unidades internacionales. (*Deutsches Bundesarchiv, Zentralbild, 183-H28682*)

finales de diciembre y el siguiente enero, fue severamente diezmada. La instrucción insuficiente recibida, el equipo deficiente y la mala elección de los oficiales causaron serios problemas: el Batallón La Marseillaise perdió su comandante al final de la primera acción de guerra, cuando se envió al mayor Gaston Lasalle, acusado de cobardía frente al enemigo, al pelotón de fusilamiento. La Compañía Británica perdió 78 hombres en un solo día después de encontrarse bajo fuego cruzado del enemigo. Aún menos afortunado fue el Nueve Naciones, que perdió dos tercios de sus hombres en menos de tres días a fines de diciembre de 1936, abrumado por la ofensiva nacionalista en Andújar, por lo que luego fue disuelto. En enero, lo que quedaba de la brigada fue enviada para defender la carretera de La Coruña en el Frente de Madrid, luchando en el puente de Guadarrama. El 10 de enero, avanzando en una espesa niebla, el Batallón Vaillant-Coturier conquistó las trincheras enemigas en Las Rozas, pero se vio obligado a retirarse cuando comenzó a carecer del apoyo de blindados. En febrero, el Batallón La Marseillaise cambió su nombre al de Ralph Fox, en la memoria del escritor inglés caído en acción en Lopera, mientras que toda la unidad asumió el nombre de la XIV Brigada Internacional La Marseillaise. Transferida al valle del Jarama, hasta el 16 de febrero ningún batallón de la XIV luchó en combate. A continuación, la brigada fue al asalto con su caballería, en avance a la carretera de Loeches, desplegado entre las XI y XII brigadas, consiguiendo ganar terreno donde otras brigadas internacionales habían sido rechazadas. A finales de mes, La Marseillaise atacó las líneas nacionalistas en la Cumbre de Pajares y en la Casa del Guarda. En marzo, se pasó el mando al francés Jules Dumont, Krieger -pseudónimo de Vincenzo Bianco- fue el sucesor de Morandi como jefe de Estado Mayor, y Marcel Renaud se convirtió en comisario político en lugar de Heusler. En mayo, la brigada cooperó en la ofensiva de La Granja, contra el saliente de Toledo. El objetivo asignado a sus batallones preveía el asalto a las posiciones fortificadas del Cerro del Puerco, en el sector de Cabeza Grande, donde se lanzaron hasta cuatro ataques en dos días. A finales de mayo, Krieger fue reemplazado como jefe de Estado Mayor por el francés Boris Guimpel. La XIV Brigada permaneció casi inactiva durante la Batalla de Brunete, explotando el período de relativa tranquilidad en el sector de El Escorial para reorganizarse. La unidad, que comprendía los batallones Ralph Fox, Henry Barbusse y Vaillant Coturier, se incrementó con el Batallón Commune de Paris, transferido de la XI Brigada Internacional, el Henry Vuillemin de la XIII, el Six Fevrier de la XV, el André Marty de la CL y el Pierre Brachet de reciente capacitación. A partir de esta fecha, se determinó definitivamente la

connotación francoparlante de la unidad. Con estas fuerzas, la brigada tomó parte en el asalto a La Cuesta de la Reina el 16 de octubre. Los batallones Commune de Paris, Henry Barbusse y Vaillant-Coturier sufrieron un contraataque pesado del enemigo, resistiendo a costa de grandes pérdidas hasta la retirada, que tuvo lugar el 19 de octubre. La responsabilidad del fracaso del ataque se atribuyó al comandante de la brigada y esta acusación hizo estallar una amarga controversia entre los líderes franceses y soviéticos de la base de Albacete.

Ante las enormes pérdidas sufridas, los hombres se negaron a continuar los asaltos; como resultado, se aplicaron medidas disciplinarias drásticas, por lo que más de 200 voluntarios desertaron antes de fin de mes. Durante el otoño, los restos de la brigada se reenviaron a la retaguardia de reagruparse. Entonces, el 27 de noviembre, se reconstituyó una nueva XIV Brigada con los batallones Six Fevrier, Henry Vuillemin y Pierre Brachet, siempre a las órdenes de Dumont. La existencia de esta brigada, formalmente activa, pero sin haberse disuelto su precedente, ha generado cierta confusión, por lo que en muchos textos que hablan de una XIV Brigada bis. En febrero, sin embargo, se volvió a hablar de una sola XIV brigada con la reunión de los batallones hasta entonces divididos en dos unidades. La brigada se envió al Frente de Madrid, y se enmarcó en la 3.ª División, I Cuerpo del Ejército del Centro. Enviada apresuradamente al sector de Caspe bajo las órdenes del coronel francés Marcel Sagnier, desde marzo de 1938 La Marseillaise se entretuvo en los intentos republicanos de amortiguar el avance del Frente de Aragón, defendiendo los violentos asaltos enemigos en las líneas sobre el río Guadalupe, para luego retirarse a Matarraña. Las pérdidas en combate y deserciones redujeron unidades enteras a unas pocas docenas de combatientes. Durante las luchas en el río Guadalupe, el Batallón Vaillant Coturier perdió 370 hombres en un par de días de un total de 450 efectivos; el Batallón Commune de Paris pasó de 440 hombres a tan solo 83 entre abril y mayo. En un esfuerzo para establecer una línea defensiva, lo que quedaba de la XIV Brigada mezclada con los restos de la XI, se atrincheró en Xerta y cubrió la retirada del Ejército republicano del Ebro hasta el 18 de abril. Reducida a menos de la cuarta parte de la fuerza total, con compañías íntegramente aniquiladas, la brigada fue reorganizada en mayo y junio en cuatro batallones, fundiendo el Pierre Brachet, el Ralph Fox, el Six Fevrier y el Henry Vuillemin. Para completar la brigada, se recurrió a una leva masiva de reclutas españoles. Se los envió a primera línea en la ofensiva del Ebro, donde la brigada pagó de nuevo un alto precio.

El 25 de julio, durante un asalto a posiciones enemigas en Amposta, los batallones Henry Barbusse, Commune de Paris y André Marty perdieron en un día casi 600 hombres. El Vaillant-Coturier cruzó el río en el mismo sector, pero algunos botes se volcaron y solo 45 hombres lograron llegar a la orilla opuesta. Algunos voluntarios se ahogaron y otros desaparecieron. Aún y así, la XIV Brigada redimió su reputación como unidad indisciplinada al luchar con magna cólera dentro de la cabeza de puente, infligiendo grandes pérdidas a sus adversarios. En el momento de retirada del Frente del Ebro a finales de septiembre, de los miles de hombres que habían cruzado el río, la mayoría había caído en combate o estaba en el hospital, y solo un centenar podía seguir luchando. Por el valor mostrado en el Ebro, el batallón de Commune de Paris recibió la medalla de oro. La brigada apoyó el último enfrentamiento en septiembre de 1938 en el Vértice Gaeta.

En octubre de 1938, un grupo de franceses y belgas de la Marseillaise se unió a los italianos de la reconstituida XII Brigada Internacional para intentar una resistencia extrema en Cataluña.

XV BRIGADA INTERNACIONAL

El 31 de enero de 1937, se formó la XV Brigada Internacional en Mahora, compuesta por los batallones de mayoritaria habla inglesa Saklatvala y Lincoln, los franco-hispanoamericano-eslavos Six Fevrier, Español, y Dimitrov, y el español Batallón Galindo. El comando de la unidad se confió al húngaro Janosz Galicz, conocido como Gal. El británico George Nathan fue el primer jefe de Estado Mayor y el yugoslavo Vladimir Čopic, comisario político. La finalización de la fuerza de combate fue particularmente laboriosa y no todos los batallones llegaron al personal precisado, debido también a pequeños inconvenientes con la incompatibilidad de las nacionalidades presentes.

Entre ellos, el caso de la irlandesa Compañía Connolly, a cuyos miembros no les gustaba luchar en una unidad comandada por oficiales británicos, y por ello se les asignó el Batallón Lincoln. El croata Čopic reemplazó a Gal en la víspera de la Batalla de Jarama, y apostó al francés Barthel en su lugar. Desplegado en el flanco izquierdo de la línea defensiva republicana, la brigada apoyó el primer choque el 11 de febrero de 1937, en el recodo del camino a Morata en San Martín de la Vega, en el valle del Jarama.

El batallón británico Saklatvala, que desplegó tres compañías de fusileros y una de ametralladoras con un total de 470 hombres, fue enviado a defender una colina que más tarde se conocería como "colina suicida" y, después de dos días de intensa lucha, concluyó con solo 160 hombres capaces de luchar.

Las pérdidas sufridas en el Six Fevrier fueron menos altas, pero aún significativas, mientras que los batallones Dimitrov y Español mantuvieron sus posiciones con relativamente

▲ Un grupo de voluntarios de la XI Brigada, veteranos y heridos de la defensa de Madrid, fotografiados en la Plaça Catalunya de Barcelona a principios de 1937. El servicio de salud de las Brigadas Internacionales nació en octubre de 1936, inicialmente compuesto por solo seis médicos, a los que se sumaron estudiantes, enfermeras voluntarias y finalmente, luminarias auténticas de fama mundial. Bajo la dirección del comando de la brigada, aparecieron hospitales ya en diciembre de 1936 en Albacete y Murcia, y estuvo en funcionamiento un servicio de transfusión en Madrid, dirigido por el especialista canadiense Norman Bethune. La ayuda más importante se recolectó en los EE.UU. A partir de octubre de 1936, con la contribución de un grupo de actores de Hollywood y algunas guarniciones universitarias bajo la presidencia de Walter Cannon de la Escuela de Medicina de Harvard, se fundó la Oficina Médica Estadounidense para Ayudar a la Democracia Española y, desde enero, llegaron a España 117 enfermeras y médicos. Con esta contribución, se instalaron centros de salud equipados en la retaguardia, lo que salvó la vida de cientos de soldados. En la convalecencia, los voluntarios internacionales fueron enviados a los centros turísticos costeros de Cartagena y Barcelona, mientras que algunos de los heridos más graves fueron tratados a la Unión Soviética. El búlgaro Oskar Telge, pseudónimo de Tsevetan Křišťanov, jefe del Servicio de Salud de las Brigadas Internacionales, a finales de 1937, cuantificó el personal y equipo del centro con 212 médicos, 550 enfermeras, 600 portadores, 5.600 camas, 13 equipos quirúrgicos, 120 ambulancias y de 30 a 40 camiones, 128 motocicletas y bicicletas. (*Archivo del Instituto de Historia Contemporánea de Zurich*).

te poco perjuicio. La batalla se alargó durante tres semanas e involucró a todas las unidades de la brigada: el Batallón Lincoln, hasta entonces en reserva, recibió el 19 de febrero la orden de asaltar las trincheras enemigas en el Pingarrón, una colina estéril y carente de vegetación que dominaba el valle. Los esfuerzos se repitieron el 23 y 27 de febrero contra este objetivo, sin éxito, a pesar de la valentía admirable mostrada por los jóvenes voluntarios estadounidenses.

Al final de la batalla, ninguno de los batallones había desplegado más de 200 hombres. Permaneció en defensa de las posiciones en el valle del Jarama hasta finales de mayo. La brigada, a la que se le añadió el recién formado Batallón Washington, participó en los combates en Morata de Tajuña, de Garabitas y en la conquista de Arges, donde los hombres de Dimitrov se distinguieron durante el asalto decisivo. En junio, todos los batallones se enviaron a la retaguardia para un descanso, y, el 5 de julio, la brigada partió para atacar los pueblos de Brunete y Villanueva de la Cañada, conquistando la segunda localidad con los hombres de la XIII Brigada. Al día siguiente, también cayó Brunete, asaltado después de una dura batalla en la que muchos civiles fueron también asesinados, utilizados como escudos humanos por los sublevados en su retirada.

Una vez más, el saldo de pérdidas fue alto. En cinco meses de operaciones en el frente, la brigada había perdido 1.259 hombres entre muertos y heridos; los batallones Lincoln y Washington se habían reducido a menos de la mitad de la fuerza original. Enviada a Tajuna a reagruparse, la unidad se estructuró en cuatro batallones amalgamando el Lincoln y Washington, recibiendo a mediados de julio un nuevo batallón de mayoría canadiense, el Mackenzie-Papineau, formado por cuatro compañías de fusiles más una compañía de ametralladoras. el Batallón Six Fevrier fue transferido a la XIV Brigada, seguido en septiembre por el Dimitrov, que pasó a formar parte de la CXXIX. Durante la batalla de Belchite, la brigada participó en la conquista de

◄ Voluntarios del Batallón Thaelmann retratados durante un descanso durante las luchas de Madrid, en noviembre de 1936. Algunos soldados lucen el casco español de 1926 pintado en gris claro, sin ningún tipo de insignia y con correa de cuero marrón, chaquetas de color caqui y bufandas de cuero marrón. El armamento individual consiste en fusiles Lee-Enfield M1895-1913 de 7.7 mm (0.303), bastante comunes en el Frente de Madrid. El Thaelmann fue el primer batallón oficialmente constituido de las Brigada Internacional y ya había recibido equipos suficientemente homogéneos en los meses previos, mientras se enmarcaba en la Columna Carlos Marx del PSUC. Los hombres del Batallón Thaelmann se ganaron la reputación de combatientes resueltos, ampliamente confirmados en la amarga lucha para defender la capital republicana. *(Archivo del autor)*

▼ Se conocen muchas insignias pertenecientes al Batallón Dabrowsky. Esta fue donada por el Partido Comunista Polaco en mayo de 1937, y, en la esquina superior derecha contiene la tricolor republicana, con la traducción al español del lema de los revolucionarios polacos de 1831 «Za naszą i waszą wolność». El fondo de la bandera es rojo con inscripciones blancas, de dimensiones 188 x 130 cm. *(Expuesto en la exposición Voluntarios de la Libertad, Las Brigadas Internacionales, Asociación de Amigos de las Brigadas Internacionales. Albacete, 1999)*

Quinto, al asalto del Cerro Pulburell, entre el 24 y 26 de agosto de 1937, que agrupó muchos prisioneros, por lo que se los dejó a la defensa de la ciudad aragonesa, desde donde, a mediados de septiembre, llegaron al campo de Albacete. El 11 de octubre, la XV Brigada se puso en marcha para el asalto de Fuentes de Ebro con los batallones Mac-Pap y Español en cabeza.

Más tarde, a fin de mes, fue retirado y enviado de regreso a Mondéjar, donde se produjeron algunos cambios en relación con el Estado Mayor y comisaría política, confiados al estadounidense Robert Merriman y a su compatriota Steve Nelson. Durante la ofensiva nacionalista en Teruel, la brigada se enmarca en la 35.ª División, V Cuerpo del Ejército de Maniobra, participando en diciembre en la defensa del sector de Alfambra.

A continuación, a mediados de enero de 1938, se desplegó a lo largo de La Muela, donde resistió hasta la caída de Teruel. En marzo siguiente, los batallones de la XV se ubicaron en el sector de Belchite, justo en el punto donde se concentraba la ofensiva rebelde en Aragón.

Bajo un intenso bombardeo, y expuestos a continuos ataques, los hombres de la XV Brigada volvieron a Caspe, formando la retaguardia republicana, arriesgándose más de una vez a ser rodeados. El 30 de marzo, la retirada se detuvo y la XV Brigada, exhausta, fue enviada a defender la ciudad de Calaceite. Incluso allí la lucha fue muy dura, donde los cuatro batallones fueron reducidos a una fuerza de solo 600 hombres.

El Batallón Británico perdió una compañía entera, y se rindió después de ser rodeado por los tanques del *Corpo Truppe Volontarie* italiano. El 2 de abril, llegó la orden de retirarse a Gandesa y, finalmente, de cruzar al margen izquierdo del Ebro. La brigada, reconstituida con la reintegración de voluntarios convalecientes, mezclando el Batallón Español con el Lincoln, y completada con reclutas catalanes, cruzó el 25 de julio el río cerca de Ascó y participó en la conquista de objetivos importantes. Luego dirigió su avance hacia Corbera participando en los sangrientos asaltos contra el Puig de l'Àliga, la infame "cota de la muerte". El 27 de julio, el Batallón Británico, apoyado por el Mackenzie-Papineau, logró conquistar las posiciones avanzadas enemigas. Al día siguiente, el Lincoln se lanzó al ataque obteniendo algunos progresos. A continuación, el 29 de julio, los batallones Británico y Mac-Pap atacaron de nuevo las líneas enemigas en su flanco, pasando un empinado barranco llamado el Barranco d'en Pon. Al final de la feroz lucha, el 1 de agosto, la "cota de la muerte" fue finalmente conquistada. Cinco días después, la brigada se retiró del frente, pero dos semanas más tarde fue convocada y desplegada con urgencia en defensa de la zona de Pàndols, donde el Batallón Lincoln repelió los violentos asaltos de la cota 666. El 6 de septiembre, los diezmados batallones de la brigada se encontraban en La Venta de Camposines, donde se concentraba la ofensiva sublevada y donde cuatro veces las trincheras de la cota 343 cambiaron de posesión. El último enfrentamiento tuvo lugar al sur de Gandesa, cuando, del 21 al 23 de septiembre, la brigada fue bombardeada por la artillería y la aviación enemigas. El 22 de septiembre, la orden de retirada de voluntarios internacionales llegó a la 15.ª Brigada, que, sin embargo, permaneció un día más para defender las trincheras de la cota 281.

◄ Voluntarios del Batallón Dimitrov, enmarcados en la XV Brigada y, más tarde, en la CXXIX, fotografiados en septiembre de 1937, visten una amplia gama de uniformes que van desde trajes de mono hasta una chaqueta de cuero larga de doble botonadura. Todos los voluntarios llevan cascos estilo *Adrian*, de color gris claro y correaje de cuero marrón de fabricación local. El batallón estaba formado principalmente por búlgaros, rumanos, polacos y checoslovacos, incluyendo una compañía italiana. *(Archivo del autor)*

▼ Algunos voluntarios de la XI Brigada Internacional, probablemente del Batallón Edgar André, fotografiados durante los combates en Ciudad Universitaria, Madrid, en diciembre de 1936. Muestra la gran variedad de equipos entregados a la brigada, constituida precipitadamente a principios de octubre. Acerca de los uniformes, un voluntario informó que en la base de las Brigadas en Albacete se podía encontrar ropa de una docena de ejércitos extranjeros, mezcladas con otras de origen español o de tipo civil. *(Archivo del autor)*

LXXXVI BRIGADA INTERNACIONAL

La necesidad de nuevas tropas al frente en la Batalla de Guadalajara dio lugar a la formación de esta brigada, que, a pesar de ser considerada internacional, era en efecto una brigada mixta del Ejército republicano, anexionada batallón internacional Veinte. Esta unidad se formó en Albacete en la primavera de 1937 con dos compañías de fusileros y una de ametralladoras, compuesto por británicos, estadounidenses, franceses, búlgaros y yugoslavos. El comando de la se confió a Aldo Morandi, y la comisaría política al joven comunista estadounidense John Gates. En marzo de 1937, se enmarcó junto con dos brigadas españolas en la 63.ª División del VIII Cuerpo de Ejército en el Frente de Extremadura, permaneciendo allí hasta diciembre. En enero de 1938 el batallón internacional se dividió para formar tres nuevas unidades, pero la escasez de reclutas hizo imposible el proyecto y todos los extranjeros se asignaron a las al XIII, XIV y XV Brigadas Internacionales.

CL BRIGADA INTERNACIONAL

Formada en Albacete el 27 de mayo de 1937 con el batallón de mayoría húngara Rákosi Mátyás, el yugoslavo Djure Djakovich, el Dabrowski y, a finales de junio, el André Marty, la brigada fue efímera, ya que unos meses más tarde se disolvió y los batallones se extendieron entre la XIII, XV, la CXXIX y la XIV Brigada en un proceso de reorganización. Mientras estaban enmarcadas en la Brigada CL, los cuatro batallones participaron en la Batalla de Brunete, permaneciendo en ese sector hasta que la disolución de la unidad a principios de agosto de 1937.

CXXIX BRIGADA INTERNACIONAL

El 13 de febrero de 1938 se estableció en Chillón la última Brigada Internacional, denominada 40 Naciones, debido a la amplia variedad de nacionalidades de los voluntarios, a pesar de que estaba principalmente compuesta por polacos, checos y yugoslavos. Se dio el comando al polaco Wacek Komar, ex veterano del Batallón Dabrowski; como comisario político y jefe de Estado Mayor, los españoles Lorenzo González del Campo y el mayor de milicias Massanés. La unidad entró en funcionamiento con el despliegue del Batallón Dimitrov de la XV Brigada, además del Djakovich Djure con el recién formado Batallón Mazarik, y enviada en el Frente de Andalucía, al sector de Castuera, para ser enviada a toda prisa a principios de marzo al Frente de Levante, en Aragón, en contra de la ofensiva de los nacionalistas. A las órdenes superiores del mayor de milicias Mora, la brigada se afianzado entre El Ventorrillo y Morella, donde rechazó audazmente los ataques enemigos del 25 de marzo al 4 de abril. Entonces, formó la retaguardia del Ejército republicano y, a pesar de sufrir muchas pérdidas, logró

regresar en buen orden hasta San Mateo. Reorganizado al completarse con reclutas españoles, la CXXIX formó junto con otras dos brigadas republicanas la 39.ª División del XVI Cuerpo de Ejército, luchando de junio a julio de 1938 en la Sierra de Javalambre. Al final de la lucha del Alto del Buitre y el fuerte de San Cristóbal, los tres batallones fueron condecorados con una medalla por el valor. Incapaces de reunirse con otras unidades internacionales desplegadas en Cataluña, la brigada permaneció en el sector sur del frente y los combatientes extranjeros se retiraron de la línea del frente a partir del 16 de octubre. Una parte de los voluntarios desmovilizados se concentraron en Valencia, desde donde llegaron a Cataluña por mar y, en enero de 1939, trataron de reformar una brigada internacional bajo las órdenes del comandante checo Pavel. Después de un período dedicado a la defensa de Vich, los voluntarios llegaron a Llagostera para cubrir la retirada republicana y desde allí pasaron la frontera francesa a mediados de febrero de 1939.

BALANCE

El problema de la contabilización de las Brigadas Internacionales probablemente no se resolverá nunca, pero podemos excluir las manifiestamente exageradas cifras que la propaganda de Franco hizo circular después de la guerra, citando 120.000 «subversivos extranjeros». La aproximación más razonable sería colocar a los brigadistas alrededor de 36.000 hombres, sin contar hombres que sirvieron fuera de las unidades de combate, como conductores y médicos, o jóvenes que se inscribieron como enfermeras.Coetáneamente a la Batalla de Madrid, las dos primeras brigadas internacionales totalizaban alrededor de 3.500 personas en total, y probablemente entre 6.000 y 8.000 voluntarios llegaron a España a finales de noviembre de 1936. Uno de los comandantes de la brigada, el francés Vital Gayman, estimó que al menos 24,000 hombres habían pasado por la base de Albacete a finales de julio de 1937. Según otro comandante internacional, el alemán Zeissler, alias general Gómez, entre noviembre y abril de 1938, casi 52.000 voluntarios pasaron por Albacete, incluidos 18.714 desde noviembre de 1936 hasta marzo de 1937; otros 6.017 de abril a julio de 1937; 7,781 de agosto a octubre de 1937; 19.472 desde noviembre de 1937 hasta abril de 1938. Estas cifras, sin embargo, no aclaran si se trata de reclutas extranjeros o si incluso el cálculo incluía a voluntarios heridos, registrados al menos dos veces en la base. Solo después de la apertura de los archivos moscovitas de la Komintern fue posible crear una imagen más precisa de la participación extranjera y obtener una confirmación objetiva del número de personal en los 24 meses de actividad de las Brigadas Internacionales. Según los datos recopilados en Moscú, el total de brigadistas habría sido de 31.237 voluntarios. Esta cifra incluiría a todos los voluntarios que se trasladaron desde el extranjero a la base de Albacete, y, más tarde, a Barcelona desde agosto de 1936 hasta septiembre de 1938, pero, desafortunadamente, esta cifra no aclara el caso de los que se unieron a las Brigadas pero que ya se encontraban en España antes de su creación. Además, esta cifra no incluiría a los aproximadamente 4.000 oficiales, comisarios y otro personal de servicio de la base de la brigada. Incluso después de que los nuevos hallazgos salieran a la luz, persistieron dudas con respecto a la procedencia real de los voluntarios. A mediados de los años noventa, el historiador estadounidense Michael W. Jackson analizó en su ensayo *Fallen Sparrows the International Brigades in the Spanish Civil War* todas las cifras sobre el total de brigadistas, su origen, la tasa de pérdidas, su edad e ideología, concluyendo que cualquier estimación del número de nacionalidades involucradas debe tomarse con una aproximación generosa. Como señaló el propio Jackson, para hacerlo más difícil, interfieren tanto la presencia de voluntarios extranjeros enmarcados en la milicia,

▲ Marcel Sagnier (izquierda) y Boris Guimpel (derecha), comandante de brigada y jefe de Estado Mayor de la XIV Brigada La Marseillaise, fotografiados en el otoño de 1937. Sagnier viste el uniforme del Ejército republicano. Incluso Guimpel lleva las principales calificaciones, pero lleva un equipo fuera de servicio, que consiste en una chaqueta de tipo sahariana, pantalones anchos y zapatos con polainas altas de cuero, similar al M1917 del ejército estadounidense. Sagnier fue promovido al rango de coronel y dirigió la brigada, hasta marzo de 1938, cuando fue víctima de un accidente automovilístico. Guimpel, un arquitecto de origen ruso, más tarde se convertiría en uno de los líderes de la resistencia en el sur de Francia. (*Archivo del autor*)

▼ Otra de las insignias utilizadas por los voluntarios polacos antes del establecimiento de las Brigadas Internacionales. Esta bandera la trajeron los miembros de la formación formada en Barcelona entre agosto y septiembre de 1936 y agregada a la Centuria Sozzi. El fondo es rojo y las inscripciones, en amarillo.

hijos del pueblo

batallón Dombrowsky

◄ Soldados de la XII Brigada en una trinchera en el sector de Brunete, junio de 1937. Nótese la amplia gama de cascos: el modelo español de 1926, el *Adrian* y el modelo checoslovaco de 1930, además de pasamontañas y gorras de lana, como evidencia de la existencia de disparidades en las Brigadas Internacionales y las dificultades logísticas del Ejército republicano. *(Archivo del autor)*

▼ Metralleta Schmeisser MP28 9 mm "Naranjero". Construida bajo licencia en Valencia en los talleres de Alberique, que le asignó este curioso nombre, fue uno de los fusiles de asalto más populares en las formaciones de milicias, especialmente en las de la CNT-FAI. Todas las partes metálicas en acero oscuro, y madera, barnizada y pintada con tonos oscuros. Envergadura de 82 cm, y peso vacío de 4 kg.

como la de aquellos, como los hispanoamericanos y los nativos, que se enmarcaron en el Ejército republicano y luego se confundieron con otros reclutas españoles. Otros problemas aparecen a partir de la comparación de datos registrados en los campos de concentración después de septiembre de 1938, donde el número de ciertas nacionalidades disminuye considerablemente, especialmente los alemanes, italianos y voluntarios de Europa del Este. Esto podría ser el efecto de una incomprensible reticencia a ser identificados, por temor a ser extraditados a sus países de origen, o, en cualquier caso, un intento de hacer que la identificación fuera difícil por parte de la policía política. La escasez de fuentes hace que sea difícil establecer la nacionalidad de muchos voluntarios, especialmente los que provienen de países que son un destino de la inmigración multinacional, como Francia, Canadá y los Estados Unidos. La mayoría de los voluntarios dejaron poca evidencia de su actividad durante la guerra, excepto los heridos y muertos en combate. Sin embargo, el contingente estadounidense es, en muchos sentidos, una muestra característica, tanto porque fue el grupo que incluía un gran número de estudiantes universitarios y profesores, de los que conocemos muchos detalles, como porque a través de la peculiar composición étnica entendemos bien cuales fueron las diversas de nacionalidades dentro de las brigadas. Gracias al trabajo de los *Abraham Lincoln Brigade Archives* (ALBA), es posible reconstruir el origen y, a veces, el lugar de nacimiento de los 2.632 voluntarios registrados. Sobre la base de una muestra de 400 nombres, equivalente a aproximadamente el 15% del total, se desprende que 249 voluntarios eran anglosajones o afroamericanos y probablemente estadounidenses durante más de una generación. Respecto los 151 restantes voluntarios, se puede hablar en vez de emigrantes o de hijos de emigrantes; entre estos últimos, la presencia de italoamericanos (39) e hispanos (29) es muy alta, seguida por 12 griegos, 9 alemanes, 5 finlandeses, 4 polacos, dos húngaros, tanto como letones, estonios, chinos y ucranianos. Otros 18 nombres pertenecen a nacionalidades individuales, incluido un japonés, mientras que los otros 34 no son determinables, pero con toda probabilidad sean estadounidenses recién inmigrados. Al menos 43 voluntarios, de los cuales 15 nacieron en los Estados Unidos, son claramente de origen judío. Una vez que llegaron a España, los voluntarios no anglosajones optaron probablemente a reunirse con sus compatriotas, por lo que algunos de los italoamericanos terminaron en la Brigada Garibaldi, mientras que los polacos se reunieron con sus compatriotas en el Dabrowski; a la inversa, los finlandeses llegados de Estados Unidos pasaron a formar la sección finlandesa en la compañía de ametralladoras del batallón canadiense Mackenzie-Papineau, complicando aún más el cálculo de las nacionalidades. Otra variante que propicia a abrumar la cuestión está representada por aquellos voluntarios, especialmente judíos estadounidenses, que habían cambiado su nombre, al igual que el voluntario John Murra, o Isaac Lipschitz, nacido en 1916 en Ucrania, que se convirtió en un ciudadano de Estados Unidos en 1933 Igualmente vagas son las estimaciones de las pérdidas sufridas por las Brigadas Internacionales, calculadas en 9.934 muertos y 7.686 heridos, especialmente con respecto a las diferencias significativas entre las distintas nacionalidades. En frente de lo más de 2.000 alemanes y austríacos caídos de alrededor de 5.000 voluntarios en total, los franceses e italianos aparecen en cuotas con un porcentaje menor de bajas, 1.003 muertes de un total de 8.500 combatientes, y 662 de más de 3.000, respectivamente; aunque, este último, con un porcentaje muy alto de heridos, equivalente al 62% de la fuerza desplegada. El informe elaborado por la Liga de las Naciones en los campos de refugiados franceses en enero de 1939 ofreció la cifra de 12.673 brigadistas, de los cuales 3.160 ingresaron en hospital. Otras fuentes afirman que tras la disolución de las Brigadas Internacionales solo 4.640 hombres partieron de España, y que, en enero de 1939, de 5 a 6.000 voluntarios extranjeros habrían permanecido en suelo republicano, sin cesar de luchar durante la resistencia deses-

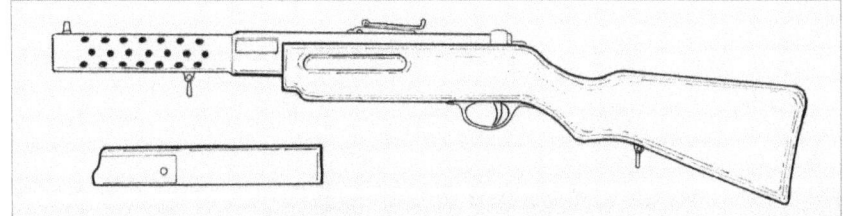

▲ Nino Nanetti (1906-1937), junto con Aldo Morandi, fue el único italiano en obtener el mando de una división del Ejército republicano, pero, a diferencia de su compatriota, nunca formó parte de las Brigadas Internacionales, y su militancia en la Guerra Civil se llevó a cabo completamente dentro de las formaciones de la milicia y, más tarde, en las del Ejército Popular. Desde diciembre de 1936, Nanetti lideró la 35.ª Brigada Mixta, y luego la 12.ª División española durante la Batalla de Guadalajara. Posteriormente estuvo al mando de una división en el País Vasco. Nanetti murió a consecuencia de una herida recibida en la defensa de Santander en julio de 1937. Otros italianos sirvieron fuera de las formaciones internacionales en las unidades del Ejército, la aviación y la Armada. Otros servían en la Industria de Guerra, en salud, transporte, o como intérpretes. *(Archivo del autor)*

perada de Cataluña hasta febrero del año siguiente. En diciembre de 1938, el comité de socorro para los presos de la Guerra Civil española publicó un "libro blanco" en Francia, completado en 1939 con un apéndice. El comité, que logró obtener la liberación de 100 voluntarios británicos, 95 franceses, 85 canadienses y 11 suizos, afirmó que, en febrero de 1939, permanecían en España presos de los nacionalistas 286 voluntarios de las Brigadas Internacionales, 124 alemanes y austríacos, 32 franceses, 28 polacos, 25 italianos; 16 estadounidenses, 14 suecos, 12 noruegos, 9 checoslovacos, 9 daneses, 5 yugoslavos, 4 estonios, 3 argentinos, 1 búlgaro, 1 chino, 1 cubano, 1 rumano, y 1 mexicano. El primer nombre de la lista era el del capitán francés Agard, ex comandante de una batería de artillería internacional de la 35.ª División. Ninguno de estos prisioneros fue liberado y su destino permaneció en muchos casos desconocido. En cuanto al marco sociológico de los voluntarios de las Brigadas, acerca de su edad, ocupación y creencias políticas, puede ser útil comparar las cifras del contingente francés, que, entre otras razones, era el más numeroso. De acuerdo con la investigación llevada a cabo sobre una muestra de más de 9.000 voluntarios, más de la mitad eran jóvenes de entre 26 y 34 años de edad, en su mayoría, solteros, y de clase trabajadora asalariada, con un claro predominio de albañiles. En comparación con otras profesiones, los agricultores y trabajadores representaron el 65% del total, a lo que hay que agregar un 17% de artesanos y otros trabajadores por cuenta propia. Políticamente, al menos, dos tercios eran comunistas o se consideraban como tales, y es sin duda una de las proporciones más altas de todas las fuerzas internacionales, comparada con los británicos y los polacos. Entre los combatientes simples, el 52% se había unido al PCF y el porcentaje crece al 68% entre los suboficiales y al 79% entre los oficiales menores. Entre los jefes de compañía y comisarios políticos, la pertenencia al Partido Comunista parece un requisito casi obligatorio. Los porcentajes relativos a los voluntarios italianos son, según Pietro Ramella, 38,3% de comunistas, 9,7% de anarquistas, 6,6% de socialistas, 1,6% de republicanos, 1,2% de *Giustizia e Libertà* y 42.6% de afiliación política desconocida. En resumen, por lo tanto, la presencia de los comunistas no parecería tan predominante y confirmaría que casi la mitad de los voluntarios de las Brigadas Internacionales habrían venido a España por razones distintas a la obediencia de una disciplina de partido. Es igualmente significativo que, entre los voluntarios estadounidenses, donde el Partido Comunista local actuó como el principal promotor de la afluencia de hombres, los comunistas convencidos no representaban la mayoría. Ciertamente, fue también consecuencia directa del relativo consenso que el marxismo-leninismo ejerció más allá del Atlántico, pero, sin embargo, confirma que las motivaciones que los llevaron a alistarse eran las más variadas y que, generalmente, era la aversión al fascismo el adhesivo que unía a la mayor parte de los voluntarios. Algunos historiadores han insistido mucho en la ecuación: un voluntario internacional joven y desempleado, argumentando que la participación en la Guerra Civil era una opción elegida por la mayoría de aquellos que no te-

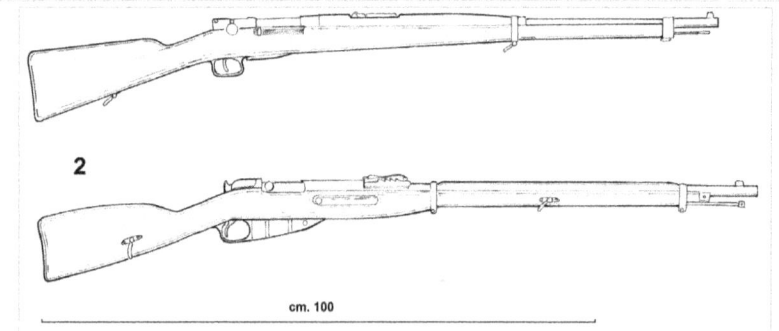

◄ Fusil Mauser (Mauser español), M1893 7 mm. Construido bajo licencia en España, fue el fusil del Ejército español desde 1893 y continuó siéndolo uno de los más comunes durante la Guerra Civil, usado por ambos bandos. Todas las partes metálicas, en acero oscuro, con madera pintada natural. Longitud, 124,44 cm, peso sin bayoneta, 3,99 kg. La bayoneta, con un mango completo y guardamanos, mide 30.48 cm.

◄◄ Rifle Mosin-Nagant *Mexicansky* M1891 7,62 mm. Copia hecha en los Estados Unidos en el 1914 del fusil de infantería imperial ruso. Más tarde llegó a España vía México, de ahí el nombre que lo hizo popular. Se distribuyó en grandes cantidades en las Brigadas Internacionales a partir de enero de 1937, y se empleó hasta el final del conflicto. Era un arma efectiva y relativamente fácil de mantener, pero era uno de los rifles más pesados, con 4,28 kg, además de engorroso, con 130,06 cm que, con la bayoneta, alcanzaba los 173 cm. El *Mexicansky* se diferenciaba del modelo original por el tono de la madera, muy oscuro.

▶ El altavoz del frente, las célebres camionetas con altavoces utilizadas con frecuencia en el Ejército republicano para incitar a los combatientes y propagar proclamas. Los comisarios políticos de las formaciones tenían la tarea de hablar por el micrófono, pero en general esta tarea no era muy bienvenida, ya que los adversarios tendían a dirigir el fuego de artillería en la dirección de donde provenía la voz. En Guadalajara, sin embargo, los altavoces del Batallón Garibaldi ejercieron una influencia notable en la moral del *Corpo Truppe Volontarie*, según informaron algunos soldados cautivos, quienes, al enterarse de que había otros italianos frente a ellos, soltaron literalmente sus armas. *(Archivo del autor)*

▼ Aldo Morandi, alias Riccardo Formica (1896-1975), fue uno de los voluntarios italianos en alcanzó uno de los grados más altos del Ejército Popular, obteniendo el mando de la 63.ª División en el Frente de Aragón en octubre de 1937, después de haber ocupado el cargo de instructor del batallón de reclutas, de jefe de Estado Mayor y de comandante en las Brigadas Internacionales. Morandi usa una cazadora corta sobre el uniforme del Ejército republicano y viste un gorro isabelino completo con borla de lana roja, el típico sombrero de fatiga del Ejército español, con la insignia de teniente coronel. Los pantalones de caballería eran muy populares entre los oficiales y variaban de todos los tonos de marrón y caqui. *(Archivo del autor)*

nían ni trabajo ni una familia que mantener. Aparte de las declaraciones confiables de "protagonistas" como Randolfo Pacciardi, que escribió que en la Brigada Garibaldi no había jovencísimos, sino hombres maduros que habían dejado atrás una familia y un trabajo, los análisis más recientes muestran que la mayoría de los voluntarios tenía entre 26 y 35 años y, aproximadamente, dos tercios eran empleados fijos. Volviendo al análisis realizado sobre los voluntarios norteamericanos, solo el 25% estaba en paro en el momento de la unión, mientras que un 30% eran profesores o estudiantes universitarios, lo que probablemente hace de los estadounidenses el contingente más joven de las Brigadas Internacionales, con casi el 70% de los miembros entre 20 y 29 años. El destino de los que regresaron fue diferente según el país de origen y el papel desempeñado en las Brigadas, pero, en general, los voluntarios de la Guerra Civil tuvieron que enfrentarse a muchos problemas una vez salieron de España. Aparte de los pocos que jugaron un papel importante en la Segunda Guerra Mundial, como Karol Świerczewski, muchos de los oficiales y funcionarios trasladados a la Unión Soviética tuvieron que conformarse con puestos secundarios, como le sucedió a Francesco Leone, mientras que otros desaparecieron en las purgas estalinistas, como en los casos de Manfred Stern y Vladimir Čopic. Para la mayoría de los voluntarios que no podían regresar a sus países de origen, comenzó una larga y difícil odisea, que en muchos casos terminó en los campos de concentración nazis. Otros cayeron luchando en las columnas de la resistencia francesa e italiana. Los afortunados presenciaron la derrota del nazismo y el fascismo, y finalmente regresaron a sus países, donde, en muchos casos, les esperaba un futuro aciago. Pero incluso aquellos que pudieron regresar libremente a sus hogares al final de la guerra tuvieron que enfrentarse a varios lamentos. Los voluntarios estadounidenses estuvieron bajo estricta vigilancia del FBI, y muchos fueron hostigados durante el macartismo. A causa de una ley de la Confederación Suiza, que prohibía el servicio militar en el extranjero, se sentenciaron 420 condenas a excombatientes de la guerra, con una pena de prisión de hasta cuatro años, una verdadera burla para los ciudadanos de un país que durante siglos había proporcionado soldados a toda Europa. Solo en 2002, después de numerosos intentos fallidos, el parlamento suizo votó la amnistía y la revocación de la condena para los voluntarios aún vivos. En Francia, la equiparación de los voluntarios de la Guerra Civil al rango de veteranos de la resistencia se convirtió en ley estatal, tan solo en 1996, después de haberse rechazado otras peticiones en años anteriores. Ese mismo año, el Parlamento español honró la promesa hecha 58 años atrás por el Gobierno republicano: que una vez disueltas las Brigadas Internacionales, y declarado el final de la guerra, los voluntarios extranjeros que solicitaran la ciudadanía española la obtendrían, y que, tenerlos como conciudadanos sería, para España, un honor.

Mapa de la península ibérica con las bases y operaciones de las Brigadas Internacionales:

FRANCIA · **ANDORRA** · **PORTUGAL** · **MARRUECOS ESPAÑOL** · **ALGERIA (Francia)**

OCÉANO ATLÁNTICO · **MAR MEDITERRÁNEO**

ISLAS BALEARES · **Rep.** · **Reb.**

Rep. — Rebeldes — Republicanos

Ciudades y frentes señalados:

Gijón · Santander · Donostia · IX 1936 · Oviedo · Bilbao · Irún · FRANCIA · Pamplona · IX-X 1936 · VI 1937 · Huesca · Aragón · II-IV 1938 · Vigo · Rebeldes · Burgos · Belchite · VIII-IX 1937 · IV-1938 · II 1939 · Barcelona · Valladolid · Zaragoza · Ebro · VII-X 1938 · Guadalajara · Segovia · La Granja · V 1937 · XI-XII 1936 · Rep. · Menorca · Brunete · VII 1937 · Madrid · Jarama · II 1937 · Teruel · XII 1936 · XII 1937 · Mallorca · VIII 1936 · Toledo · Valencia · II-III 1936 · Ibiza · Badajoz · Albacete · X 1936 · IV 1938 · Reb. · Extremadura · III-VI 1937 · II 1938 · Republicanos · Alicante · ANDALUCÍA · XII 1936 · Córdoba · Andújar · Murcia · Sevilla · Granada · Cartagena · Cádiz · Málaga · Gibraltar (GB) · Ceuta · Melilla · Reb.

Leyenda:
★ Bases de las Brig. Inter.
✦ Mayores enfrentamientos y campañas de los volutarios
– – – Frente, diciembre de 1936
· · · Frente, febrero de 1939

▲ Mapa de las bases y operaciones de las Brigadas Internacionales (mapa de Joel Bellviure)

▼ Un grupo de voluntarios italianos de las Brigadas Internacionales en el campo de refugiados francés de Gurs. En diciembre de 1938, la Liga de las Naciones registró en los diversos campos de concentración en Francia la presencia de 14.936 combatientes extranjeros de la Guerra Civil, de los cuales 1.533 se declararon nacionalizados italianos. *(Cortesía del* Instituto Storico Grossetano della Resistenza e dell'Età Contemporanea)

► Un grupo de voluntarios, milicianos, y mujeres combatientes en un camión Renault, durante la primera fase de la guerra en julio de 1936. La miliciana tiene en la mano una pistola Astra 400.

▼ Infantería republicana se prepara para cruzar el río Ebro en la mañana del primer día de la ofensiva en julio de 1938. El estado "veraniego" de los voluntarios también se hace evidente por la ausencia de cascos. La XIV fue la primera brigada internacional en cruzar el río y asaltó algunas de las posiciones enemigas más fortalecidas entre Amposta y Campredó, perdiendo cientos de hombres para conquistar unos pocos kilómetros de cabeza de puente. Por el valor desesperado mostrado en el Ebro, el Batallón Commune de Paris fue condecorado con una medalla al valor. *(Imagen tomada de un noticiario, archivo del autor)*

▼► Miliciana armada posa encima de un Obús de 155mm Mod. Schneider, Barcelona, agosto de 1936. (NAC Archive)

◄ Hombres del Batallón Edgar André de las Brigadas Internacionales en sus barracas del frente, 1936. *(Deutsches Bundesarchiv Bild 183-H28510 1936)*

---

35 *División Internaciónal* (diciembre de 1937)
Comandante: Mayor General Walter (Karol Swierczewski)

- División del Estado Mayor:
Transmisiones - Aprovisionamiento y logística - Escuadrón de caballería - Batallón de pioneros - Batería antitanque - Pelotón blindado - Comando de Artillería Divisional (Grupo Skoda Pauker)

| Batería *Agard* | Batería *Francobelga* | Batería *Pasionaria* | ---- XXXII Brigada Mixta (española) 4 batt. |

XI Brigada Thaelmann:
 Comandante: Heinrich Rau
  - Estado Mayor:
Batallón *Thaelmann*: 3 cp. fusileros; 1 comp. ametralladoras
Batallón *Edgar André*: 3 cp. fusileros; 1 comp. ametralladoras
Batallón *Zwölfte Februar*: 4 cp. fusileros;
Batallón *Hans Beimler*: 3 cp. fusileros.

XV Brigada Internaciónal
 Comandante: Jorge Agostino
  - Estado Mayor:
Batallón *Lincoln*: 3 cp. fusileros, 1 comp. ametralladoras
Batallón *British*: 3 cp. fusileros, 1 comp. ametralladoras
Batallón *Mackenzie-Papineau*: 4cp. fusileros;
Batallón *Español*: 4 cp. fusileros;
Batería antitanque *Ingles*.

Fuente: Michel Alpert: *El Ejército Republicano en la Guerra Civil*; Carlos Engel: *Historia de las Brigadas Mixtas del Ejército Popular de la República*; Salas Larrazabal : *Historia del Ejército Popular de la República*.

---

3 *División Internaciónal* (diciembre de 1937)
Comandante: Mayor General Manuel Tagüeña

- División del Estado Mayor:
Transmisiones - Aprovisionamiento y logística - Escuadrón de caballería - Batallón de pioneros - Batería antitanque - Pelotón blindado - Comando de Artillería Divisional

XIV Brigada La Marsillesa
 Comandante: Marcel Segnier
  - Estado Mayor:
Logística – transporte – sanidad – transmisiones
Batallón *Commune de Paris*: 3 cp. fusileros; 1 comp. ametralladoras
Batallón *André Marty*: 3 cp. fusileros; 1 comp. ametralladoras
Batallón *Henry Barbusse*: 4 cp. fusileros;
Batallón *Six Fevrier*: 3 cp. fusileros;
Batallón *Pierre Brachet*: 3 cp. fusileros;
Batallón *Henry Vuillemin*: 4 cp. fusileros.

XXXIII Brigada Mixta (española)
4 Batallónes

XXXIV Brigada Mixta (española)
5 Batallónes

Fuente: Michel Alpert: *El Ejército Republicano en la Guerra Civil*; Carlos Engel: *Historia de las Brigadas Mixtas del Ejército Popular de la República*; Salas Larrazabal : *Historia del Ejército Popular de la República*.

ORIGEN DE LOS VOLUNTARIOS INTERNACIONALES

Nacionalidad	A: Brigadas Internacionales					B: Milicia	C:Otro (1)	A, B e C
Fuente:	Thomas	Delperrye de Bayac	Archivi Comintern	Varios (2)	Liga de las Naciones (3)			Castells
Francia	9.000	9.000	8.778	8.800	3.278	1.000	3.500	15.400
Alemania	4.900	5.000	3.026	3.700	1744	500	900	5.831 (4)
Italia	3.350	3.100	2.908	3.400	1.533	850	400	5.108
Polonia	3.000	4.000	3.034	3.200	1.560	200	900	5.411
Estados Unidos	2.800	2.000	2.274	2.300	839	80	450	3.890 (5)
Gran Bretaña	2.000	2.000	1.806	1.800	469	70	350	3.504
Belgica	-	2.000	1.701	1.450	432	120	800	2.920
Área balcánica	-	4.000 (6)	2.056 (7)	-	667 (6)	180	350	2.614 (7)
Escandinavia	500	2.500 (6)	662 (8)	-	434 (8)	-	100	1.177 (8)
Jugoslavia	1.500	-	-	1.400	-	-	-	-
Checoslovaquia	1.500	-	-	1.300	-	-	-	-
Austria	-	-	-	1.200	-	-	-	-
Canadá	1.000	-	-	1.100	377	-	-	-
UHungría	1.500	-	510	1.000	279	-	350	2.148
Cuba	-	-	-	800	-	-	-	-
Países Bajos	700	-	-	700	-	-	-	-
Suiza	-	-	-	650	-	60	-	-
Argentina	-	-	-	500	-	50	-	-
Suecia	-	-	-	500	-	-	-	-
Bulgaria	400	-	-	450	-	-	-	-
Rumanía	-	-	-	300	-	-	-	-
Irlanda	250	-	-	250	-	-	-	-
Grecia	160	-	-	200	-	-	-	-
Palestina	-	-	-	150	-	-	-	-
Portugal	-	-	-	120	-	-	-	-
Dinamarca	-	-	-	150	-	-	-	-
Noruega	-	-	-	100	-	-	-	-
México	90	-	-	90	-	240	-	-
Chipre	60	-	-	60	-	-	-	-
Otros países	2.500	2.000	4.482	1.200	3583 (9)	1.100	600	12.526
Total:	35.210	35.600	31.237	36.870	14.936	4.450	8.700	58.796

Además de los indicados, también acudieron voluntarios internacionales de los siguientes países: Albania, Argelia, Andorra, Arabia Saudita, Australia, Bolivia, Brasil, Chile, China, Colombia, Costa Rica, Jamaica, Guatemala, Ecuador, Egipto, Estonia, Etiopía, Filipinas, Finlandia, Haití, Honduras, India, Irán, Irak, Islandia, Letonia, Libia, Lituania, Luxemburgo, Marruecos, Mongolia, Nicaragua, Nueva Zelanda, Palestina, Paraguay, Perú, Puerto Rico, República Dominicana, San Marino, Siria, Somalia, Sudáfrica, Túnez, Turquía, Uruguay, Venezuela.

1- Voluntarios que sirvieron en salud militar, en aviación, en la Marina, en la industria y otros sectores militares y civiles
2- Reconstrucciones y diversas fuentes, como Marty, Beevor, etc.   3- Registrado en Francia entre octubre y diciembre de 1938.
4- Incluyendo austríacos. 5- Excluyendo a los judíos, considerados separados de Castells, pero incluyendo puertorriqueños.
6- Sin indicación de nacionalidad. 7- Incluye yugoslavos, búlgaros, griegos y albaneses.
8- Incluye suecos, daneses y noruegos.
9- Incluidos 1.521 que se declararon apátridas.

▲ Posiciones de artillería franquistas durante los primeros meses de la guerra, Oeste de Madrid, noviembre de 1936. (NAC Archive)

▼ La defensa de Madrid: Una voluntaria internacional observa con sus binoculares las operaciones del asedio de los rebeldes. (NAC Archive)

LÁMINAS

1 - Centuria Commune de Paris; voluntario, otoño de 1936.
Algunas fotografías de voluntarios provenientes de Francia en los primeros meses de la Guerra Civil muestran una gama muy variada de ropa, combinada con una relativa uniformidad de equipos, como las cartucheras de tela de fabricación local, lucidas por este miembro establecido en Burdeos en agosto de 1936. El personaje representado lleva una chaqueta de doble botonadura azul de la Marina, probablemente mercante, sobre un par de pantalones de civil.

2 - Grupo Thaelmann; voluntario, septiembre de 1936 y
3 - Grupo Thaelmann; suboficial, Tardienta, octubre de 1936.
Cuando en septiembre de 1936 los voluntarios de esta formación pasaron línea en Barcelona, en la víspera de partir hacia el Frente de Aragón, apareció equipada y vestida de manera excelente con respecto a la media de la milicia popular. La mayoría de los voluntarios vestían camisas de algodón caqui del Ejército español, pantalones anchos o elásticos, con polainas hasta las rodillas. Muchos usaban el casco español Mod. 1926, mientras que otros se cubrían con los sombreros del Ejército colonial de tela color caqui. El armamento individual consistía en fusiles Mauser de 1895-1913 y cartucheras regulares del Ejército español.

4 - Grupo Rakosy, voluntario, septiembre de 1936.
Los monos de algodón y los gorros isabelinos hacen que estos voluntarios húngaros sean bastante similares a los militantes catalanes del PSUC, a los que se sumaron. La mayoría de los miembros de la unidad llegó a España a través de la URSS, donde se habían refugiado después de la breve experiencia Socialista de 1919. Los húngaros también fueron algunos de los principales comandantes de las Brigadas Internacionales, como Manfred Stern, Galicz y Janos Galicz y Mate Zalka.

LÁMINA B:

1 - Columna Francisco Ascaso, Batallón Justicia y Libertad; voluntario, Huesca, septiembre de 1936.
Las pocas fuentes disponibles sobre la aparición de voluntarios italianos en Aragón muestran similitud sustancial con la milicia local: pantalones de un traje de trabajo con una camisa militar, quizá del Ejército italiano. Aunque el sombrero borsalino no estaba muy extendido, aparece lucido en la cabeza de muchos voluntarios del batallón en una foto grupal tomada a principios de septiembre de 1936. **1b**: Insignia de chaqueta introducida después de la formación del batallón.

2 - Columna Durruti, Grupo Internacional, un voluntario francés, primavera de 1937.
El suéter de cuello alto civil tiene en el pecho un curioso distintivo que tal vez alude a la alianza de las organizaciones progresistas del Frente Popular. Los pantalones de mono y las alpargatas de tela son típicas de las unidades milicianas en Aragón.

3 - Columna Francisco Ascaso, Sección italiana; miembro de un grupo de asalto, abril de 1937.
Los grupos de asalto del Ejército popular estaban equipados en su mayoría con granadas de mano y armas automáticas. El gorro de tela de este estilo era típico de las formaciones anarquistas en Aragón y se lo conocía como gorra de la CNT. La insignia en el frente es una de las opciones posibles.

LÁMINA C:

1 - Batallón Dabrowski, XI Brigada Internacional; fusilero, octubre de 1936 y
3 - Batallón Edgar André, XII brigada internacional; fusilero, noviembre de 1936.
La heterogeneidad del equipamiento de las primeras unidades internacionales se puede confirmar en las fotografías de los combates en Madrid. Aparecen chaquetas de todo tipo junto con cazadoras de cuero negro o marrón oscuro. En otoño de 1936, Luigi Longo informó que, para el Batallón Dabrowski, la única vestimenta disponible eran simples monos azules de trabajador, para usar sobre ropas civiles. El único signo de reconocimiento usado era el pañuelo rojo. La munición y el modelo de casco 1926 son reglamentarios, el rifle es un Enfield 0.303 - M1895-1913.

2 - Comisario Político, XI Brigada Internacional, noviembre de 1936.
El comisario de la 11.ª Brigada Giuseppe Di Vittorio se identifica a menudo con una chaqueta de piel de cordero con relleno, muy común en ambos lados, conocida como "canadiense", y extendida entre los oficiales de Brigadas Internacionales. En otras imágenes, Di Vittorio usa un par de pantalones caqui de un mono al menos de mayor tamaño, usados sueltos o atados al tobillo, y un jersey de lana de tipo civil. La boina francesa de color negro sin insignia era el tocado más común del sindicalista italiano.

LÁMINA D:

1 - Batallón Hans Beimler, XI Brigada Internacional; teniente fusilero, junio de 1937.
La figura está hecha a partir de una fotografía de un grupo de oficiales del recién formado batallón Beimler, en vísperas de la ofensiva en Brunete. La chaqueta sahariana de algodón que lleva este teniente podría ser del Ejército o proceder de uno de los tortuosos canales de suministro de las Brigadas Internacionales.

2 - Batallón Lincoln, XV Brigada Internacional; Ayudante, diciembre de 1937.
La imagen está tomada de una foto del comunista estadounidense Milton Wolf, más tarde organizador de las formaciones guerrilleras e inspirador del personaje de Robert Jordan, en la novela de Hemingway «Por quién doblan las campanas». Wolf usa una chaqueta de oficial, con el rango de capitán en la manga, sobre una camisa y una corbata reglamentarias, cuya elegancia contrasta con el pasamontañas de lana.

3 - Batallón Mackenzie-Papineau, XV Brigada Internacional; comisario político del batallón, octubre de 1937.
La pintura muestra a un comisario con el uniforme de campaña típico de los oficiales de las Brigada Internacional. Lleva la camisa del Ejército estadounidense de 1917 y una funda del estilo Sam Browne para la pistola Astra.

4 - Batallón Lincoln, XV Brigada Internacional; fusilero, abril de 1938.
La chaqueta estilo tabardo, aquí en una versión de una botonadura, normalmente carecía de bolsillos inferiores para los soldados simples. El cinturón con las cartucheras de tela es similar al M1910 militar estadounidense, que se encuentra en muchas fotos de la época.

5 - Batallón Garibaldi, XII Brigada Internacional; ametralladora, abril de 1937.
Otra chaqueta estilo tabardo, esta vez, con el modelo de doble botonadura más común, se usa sobre otra chaqueta, probablemente una cazadora, para protegerse mejor del duro clima de la Sierra.

▲ Soldados republicanos parte de los infames "Batallones de la Muerte".

▼ Soldados rebeldes con capote apuntando en sus trincheras cerca de Navacerrada, durante el primer invierno de la guerra, Sierra de Guadarrama, diciembre de 1936.

LÁMINA E:

1 - *Batallón La Marseillaise*, XIV Brigada Internacional; teniente, marzo de 1937.
La chaqueta estilo tabardo, aquí sin bolsillos y probablemente encargada a una sastrería privada, se usa sobre un par de pantalones de caballería, con las botas de cuero de un oficial. Estos zapatos se apreciaban universalmente y eran muy envidiados por los oficiales rebeldes.

2-3 - Batallón Mackenzie-Papineau, XV Brigada Internacional; fusilero y suboficial, invierno 1937/38.
La vida en la trinchera obligó a diseñar dispositivos prácticos para protegerse de la humedad y el frío. El primer soldado usa una chaqueta sobre su equipo, para desvestirse una vez termine su turno y deshacerse de la prenda mojada. Bajo la guerrera, el voluntario usa una chaqueta corta de tipo cazadora. Al fondo, el observador se cubre con un capote de capucha grande, por encima de la cual se había adaptado la tela impermeable de una vieja tienda de campaña.

LÁMINA F:

1 - *Batallón Henry Vuillemin*, XIV Brigada Internacional; tirador; invierno 1937/38.
La ropa de invierno de las Brigadas Internacionales se vio influenciada por el inventario de equipos y, al igual que los demás suministros, provenían de las fuentes más dispares. Los capotes a doble botonadura eran más comunes que los de una única línea de botones, como el que usaba este voluntario francés. En ocasiones, el pasamontañas de lana no tenía visera. En la manga izquierda, la estrella de tres puntas, que se convirtió en un símbolo oficial de los brigadistas mediante el decreto del 27 de septiembre de 1937.

2 – *Batería Antonio Gramsci*, Grupo Skoda Baller; sargento, noviembre de 1937.
En el Ejército republicano, los oficiales y suboficiales llevaban las gorras de plato sin el relleno interno. La granada de metal dorado sobre el visor identifica a los artilleros.

3 - *Batallón Español*, XV Brigada Internacional, fusilero, invierno 1937/38 y
4 - *Batallón Lincoln*, XV Brigada Internacional; comisario político, inicios de 1938;
Llama la atención la forma del cuello y la solapa para cerrarlo, diferente en los dos capotes. La insignia reglamentaria del grado de comisario acompañaba a la gorra con una "C" en metal dorado.

5 - *Batallón Dimitrov*, CXXIX Brigada Internacional; fusilero, invierno 1937/38.
Curiosamente, algunos abrigos distribuidos en el invierno de 1937/38 parecen estar hechos con el abotonamiento invertido. El soldado lleva una cartuchera de caballería cruzada del Ejército español, una copia de la británica *90 round* M1903.

LÁMINA G:

1 - **Pelotón blindado, XI Brigada Internacional, conductor, primavera de 1937.**
A finales del verano de 1937, la XI Brigada envió una unidad de reconocimiento equipada con vehículos blindados soviéticos BA-10 y formada por personal de mayoría austríaca. La chaqueta de cuero negro es probablemente una imitación local de la soviética para las tropas blindadas. En una foto, algunos de los miembros del pelotón también usan carros del Ejército Rojo.

2 - **Consejero militar soviético; octubre de 1937.**
A pesar de que Stalin no permitió que los ciudadanos de la URSS se uniesen a las Brigadas Internacionales, en muchos aspectos a los soviéticos constituyeron la "sexta" (o "séptima") de las brigadas, después de enviar a España muchos oficiales y suboficiales. En su mayoría, trabajaban como asesores militares, pero, a veces, también estaban presente en roles de combate. En general, el Ejército Rojo envió más de 2.000 hombres, incluidos 351 tanques, 100 artilleros, 772 aviadores, 77 marineros, 352 instructores, consejeros y otros especialistas. Con el rango de teniente coronel, este oficial viste el uniforme reglamentario del Ejército republicano introducido a fines de 1936. Porta el distintivo del Estado Mayor, una estrella de cinco puntas coronada con hojas de roble chapadas en oro, que se colocaban en el frente del casco. El equipo de ordenanzas incluía un cinturón, y una funda bandolera para la pistola de cuero marrón oscuro con accesorios de latón.

3 - *Sección de Caballería Dabrowski*, XIII Brigada Internacional; cabo, mayo de 1938.
No muy numerosa, pero presente en cinco brigadas internacionales, la caballería desplegó formaciones nunca superiores al de una compañía, utilizado sobre todo para reconocimiento y escolta. La XIII brigada fue la única que mantuvo una unidad de caballería en funcionamiento hasta septiembre de 1938, formada con voluntarios de Europa del Este, principalmente de Hungría y Polonia.

H - INSIGNIAS:

1 - La centuria Gastone Sozzi era parte de la milicia del PSUC y estaba dedicada a la memoria del joven militante comunista que murió en prisión tras ser sometida a la tortura de la policía política fascista. Esta bandera fue utilizada por los voluntarios de la 3.ª Compañía del Batallón Garibaldi al menos hasta la primavera de 1937. El anverso es igualmente rojo, pero no escrito. Tamaño aproximado, 90 x 120 cm. *(Fuente: Archivo de la Asociación de Combatientes Voluntarios Antifascistas de España)*

2 - Este cartel fue donado en Barcelona a la Centuria Thaelmann el 22 de octubre de 1936, al regresar de la sangrienta lucha de Tardienta, en la que se perdió la insignia de la unidad. La nueva bandera fue confiada a los hermanos Nielsen, tres voluntarios daneses que habían venido de Cataluña a Copenhague en bicicleta. Como la bandera anterior, no tenía nada en el anverso. Dimensiones, 105 x 125 cm. *(Fuente: Sebastià Herreros el Agüí: The International Brigades in the Spanish War 1936-1939: Flags and Symbols, Presentation to the 21st International Congress of Vexillology, York, England, 26 de julio de 2001)*

3 - La insignia adoptada por los voluntarios internacionales de la Columna Durruti era similar a otras utilizadas por las unidades que componían el grupo y se basaba en los colores clásicos anarquistas, a menudo dispuestos de modo "tronchado" o "tajado" (según la herálidica). Un caso único entre todas las insignias de la milicia confederal es la presencia de la hoz y el martillo, que aludía probablemente al pluralismo ideológico del contingente extranjero. La mayoría de los componentes internacionales de la columna provienen de las filas del anarcosindicalismo francés, como lo atestigua la mayoría de los hombres de la CGT-SR de París dentro de la Delegación de la unidad. Sin embargo, en los primeros meses de 1937, se informó de la presencia de un ex coronel del Ejército italiano que nunca fue identificado y conocido con el nombre de batalla de Pablo. Dimensiones aproximadas, 160 x 70 cm. *(Fuente: Archivo de la CNT-AIT de Camp de Morvedre; Sebastià Herreros i Agüí The International Brigades in the Spanish War 1936-1939: Flags and Symbols, Presentation to the 21st International Congress of Vexillology, York, England, 26 de julio de 2001)*

4 - La bandera está documentada en las memorias de algunos voluntarios que lucharon en España dentro de este batallón, parte de la Columna Francisco Ascaso, y desplegada en Aragón desde agosto de 1936 en el sector de Huesca. Dimensiones desconocidas. *(Fuentes: P. Margheri y M. Puppini (ed.), Memorias de los luchadores de la Guerra Civil Española, en: Memorias de España, octubre de 2003)*

5 - La bandera negra con la calavera constituyó otro motivo de aún más crítica hacia este batallón, formado en Barcelona en agosto de 1936

por anarquistas italianos, que adoptaron uniformes y símbolos que muchos consideraban demasiado similares a los fascistas. Una explicación de estas elecciones radica en el hecho de que uno de los principales organizadores de la unidad provenía de Argentina, donde el movimiento anarquista usaba una simbología particularmente espantosa. Dimensiones aproximadas, 100 x 130 cm. *(Fuente: Sebastià Herreros i Agüí: The International Brigades in the Spanish War 1936-1939: Flags and Symbols, Presentation to the 21st International Congress of Vexillology, York, England, 26 de julio de 2001)*

6 - Cuando en octubre de 1936 se formó el Batallón Garibaldi en Albacete, base de las Brigadas Internacionales, se adoptó esta bandera, lucida en combate junto con otros signos pertenecientes a formaciones preexistentes, como la del Gastone Sozzi. En los primeros meses de existencia, las unidades pertenecientes a las Brigadas Internacionales usaron en su mayoría banderas sobre un fondo rojo, con símbolos e inscripciones de diversa índole, a menudo referidas a figuras históricas o a simbolismo de la Tercera Internacional. Dimensiones aproximadas, 100 x 140 cm. *(Fuente: Archivo de la Asociación de Combatientes Voluntarios Antifascistas de España)*

7 - A finales del verano de 1937 los batallones de las Brigadas Internacionales adoptaron banderas basadas en la bandera republicana, uniformándose así con las unidades del Ejército Popular, al tiempo que conservaba en muchos casos las insignias tradicionales. Esta bandera se entregó en noviembre de 1937 al 4.º Batallón de la XIII Brigada Internacional, y muestra el esquema clásico utilizado por las nuevas insignias. Sobre el verso, se reproducían generalmente el escudo heráldico republicano (véase **7b**). En otros casos, ocupaba la posición central la estrella de tres puntas en la parte posterior, mientras que, en ciertas insignias, simplemente aparecía la inscripción con el número de batallón y brigada correspondiente. Dimensiones, 85 x 150 cm. *(Fuente: Sebastià Herreros i Agüí: The International Brigades in the Spanish War 1936-1939: Flags and Symbols, Presentation to the 21st International Congress of Vexillology, York, England, 26 de julio de 2001)*

8 - En septiembre de 1937, los ciudadanos de Madrid donaron banderines a la base de Albacete, como el de la lámina, que en ambos lados lleva el escudo de armas con la estrella de tres puntas. Se hicieron banderines similares a estos, más pequeños, para las compañías de cada batallón. En el Batallón Palafox, el estandarte de la Compañía Botwin judía tenía escrito el lema «por vuestra libertad» y la nuestra en polaco, «za waszą i naszą wolność», y en yiddish, «פרייהייט און דין פאר אונדזער». Dimensiones, 50 x 110 cm. *(Fuente: Sebastià Herreros i Agüí: The International Brigades in the Spanish War 1936-1939: Flags and Symbols, Presentation to the 21st International Congress of Vexillology, York, England, 26 de julio de 2001; Germen Zaagsma: Jewish volunteers in the Spanish Civil War: a case study of the Botwin Company. London University)*

▲ Miembros del 5.º Batallón de Milicias y soldados oficiales que combatieron al norte de Madrid. En el medio, un suboficial muestra un fusil Mauser M1894.

▶ Voluntarios alemanes de la XI Brigada marchando hacia el Frente de Brunete a finales de junio de 1937. El primer oficial de la izquierda es Heinz Priess, más tarde comisario político del Batallón Hans Beimler. *(Deutsches Bundesarchiv Bild 183-Z0806-036)*

COLOUR PLATES (ENGLISH NOTE)

Plate A: 1 – *Centuria Commune de Paris*; French volunteer, Autumn 1936.

Some photos of foreign volunteers show a great variety of dress with several kinds of local made equipment, such as the canvas ammunition pouches, standard issues for this unit formed in Bordeaux in August 1936. This volunteer wears a navy style double breasted coat – possibly of a merchant ship – and civil trousers.

2 – *Grupo Thaelmann*; German volunteer, September 1936.   3 – *Grupo Thaelmann*; NCO, Tardienta, October 1936.

In late summer 1936 this unit marched to Aragon with better dress and equipment than the militia's standard. The first volunteer wears Spanish army kaki cotton shirt, coulisse trousers and gaiters. Regular mod. 1926 steel helmets and fabric *sombreros* of the African Army were the most common headgears. The Spanish Mauser 1895-1913 rifle and the leather cartridge pouches are both Spanish regular army items.

4 – *Grupo Rakosy*, Hungarian Volunteer, September 1936.

Cotton *mono* and *isabellino* headgear are the same clothing worn by the PSUC militia of Catalonia, with which this group was attached in autumn 1936. Many Hungarian volunteers arrived in Spain via USSR, where they had been exiled after the short 'soviet' experience of 1919. Some of the international brigade's major officers, such as Manfred Stern, Janos Galicz and Mate Zalka, were of Hungarian origin too.

Plate B: 1 – *Columna Francisco Ascaso*, battaglione *Giustizia e Libertà*; volunteer, Huesca, September 1936.

Little is known about the dress and equipment of the first Italian volunteers in Aragon, but some evidences shows that they were not much different from local militia. Work trousers and military shirts – maybe from the Italian army in this case – were common in the first weeks of the war. The civilian *borsalino* hat was unusual but it appears as widely used in a picture taken in August 1936. 1b: sleeve badge introduced after the battalion formation.

2 – *Columna Durruti, Grupo Internaciónal*, French volunteer, Spring 1937.

The wool sweater carries a curious badge, possibly alluding to the left alliance of *Frente Popular*. The dark blue *mono* trousers and canvas *alpargatos* shoes are typical in the Aragon militia.

3 – *Columna Francisco Ascaso, Sezione Italiana*; assault group, April 1937. The popular army assault teams were equipped with hand grenades and automatic weapons, like the versatile but dangerous Spanish Schmeisser MP28 *Naranjero*. The hat is typical of the anarchist units in Aragon, known as *Gorra de la CNT*. The frontal badge is speculative.

Plate C: 1 – Batallón *Dabrowski*, 11th International Brigade; rifleman, October 1936;

3 - batallón *Edgar Andrè*, 12th International Brigade; rifleman, November 1936. The composite range of the international units in Madrid is referenced by photos and eye-witness accounts. Dark civilian-style clothing probably of black-brown leather was common. In the autumn of 1936, Luigi Longo reported that the only available dress for the *Dabrowski* battalion was azure-blue *mono* work suits, worn over the civilian clothing; red kerchiefs were the only distinctive features. The Spanish army leather equipment seems to have been scarce and, instead of regular Spanish ammunition pouches, the volunteers received pale fabric bandoliers. Spanish mod. 1926 helmets and Enfield rifle 0.303 - M1895-1913 were common weapons in the Madrid front.

2 – Political Commissar, 11th International Brigade, November 1936.

The 11th Brigade political commissar Giuseppe Di Vittorio is often portrayed with the heavy lamb wool lined storm coat - known as *canadesa* – very popular among the international brigade's officers in Albacete, worn in many differing patterns. In other pictures Di Vittorio wears kaki *mono* trousers, at least one size larger, gathered at the ankle or free, and a civil cardigan of dark wool. The black French style basque without rank insignia was the common headgear worn by the Italian syndacalist.

Plate D: 1 – Batallón *Hans Beimler*, 11th International Brigade; rifleman Lieutenant, June 1937. A composite of some figures from a group of officers of the newly formed *Beimler* battalion - photographed at the time of the Brunete offensive – he wears a *saharian* light jacket possibly from captured equipment or from the various dress assortments of the international brigades. Breeches from the US Army surplus are worn with legging gaiters. Note the rank insignia on the pocket button.

2 – Batallón *Lincoln*, 15th International Brigade; adjutant, December 1937.

This figure is based on a photo from the American communist Milton Wolf, later major organizer of guerrilla group, who suggested to Ernest Hemingway the principal character for the novel 'For Whom The Bell Tolls'. Wolf wears a mod. 1936 officer's jacket with the rank insignia of Captain on the sleeves and regular Spanish army shirt with tie, hardly contrasting with the informal wool *pasamontaña* headgear.

3 – Batallón *Mackenzie-Papineau*, 15th International Brigade. Political Commissar, October 1937.

A typical campaign dress and equipment of an officer shown in a contemporary photo; note the US army shirt mod. 1917 and the *Sam Browne* style Astra pistol belt.

4 – Batallón *Lincoln*, 15th International Brigade, rifleman.

The *tabardo* coat, here single breasted, without lower pockets for privates was the more common winter clothing of the republican army. The canvas rifle belt is similar to the US Army mod. 1910 seen in contemporary photos.

5 – Batallón *Garibaldi*, 12th International Brigade; machine gunner, April 1937. Another *tabardo* coat, but in the more common double breasted pattern, is worn on a *cazadora*, a short hunting jacket, to improve protection from the low temperature of the *Sierra*. Spanish copies of the French *Adrian* helmets painted in light brown were common in the 12th Brigade.

Plate E: 1 – Batallón *La Marseillaise*, 14th International Brigade; Lieutenant, march 1937.

The *tabardo* coat, shown here without small pockets – possibly acquired from a private tailor – is worn with cavalry breeches and the superb field boots, highly appreciated items which were very popular among the republican officers.

2-3 – Batallón *Mackenzie-Papineau*, 15th International Brigade, rifleman and NCO.

The trench warfare suggested practical insulation to protect the body from the wet and cold. The first soldier wears a tabardo directly on the equipment and the *cazadora* jacket. In the background the observer wears a *capote manta* cloak coat with large cowl under a wax cloth recycled from an old tent.

Plate F: 1 – Batallón *Henry Vuillemin*, 14th International Brigade; rifleman, winter 1937/38. The winter dress of the International Brigades was determined by the shortage of the republican resources and, like other military equipment, came from a wide range of suppliers. The double breasted greatcoats seem to have been more common than the single breasted ones; however, this French volunteer is wearing the second type. The wool *pasamontaña* headgears were sometimes peakless. Note the red three pointed star on the left sleeve, introduced as the International Brigades official symbol after the decree of September 27, 1937.

2 – Bateria *Antonio Gramsci*, grupo *Skoda Baller*; artillery sergeant, November 1937.
In the republican army the *gorra del plato* cap was worn by officers and NCO without stuffing in so-called Lenin's style; a yellow metal grenade on the cap identified the artillery.

3 – Battallón *Español*, 15th International Brigade, fuciliere, inverno 1937/38;

4 – battallón *Lincoln*, 15th International Brigade; battalion Political Commissar, early 1938. Note the different pattern of the greatcoat collars. The rank insignia for the political commissar included on the cap a gilded metal 'C'.

5 – Batallón *Dimitrov*, 129th International Brigade, rifleman, winter 1937/38.
Strangely some greatcoats distributed in winter 1937-38 seem to have an inverted double breast. Note the leather ammunition pouches of the Spanish Army cavalry, replica of the British bandolier *90 round* mod. 1903.

Plate G: 1 – Armoured car platoon, 11th International Brigade, driver, spring 1937.
Until the end of summer 1937 the 11th brigade deployed a reconnaissance unit equipped with soviet BA-10 armoured car and composed by Austrians in prevalence. The black leather jacket seems to be a local imitation of the Soviet armoured troop's jacket. In a contemporary photo some members also wore Red Army tank helmets.

2 – Soviet Military Consultant, October 1937.
Notwithstanding the Stalin prohibition for the Soviet citizens to enlist themselves in the international brigades, some authors consider the Red Army personnel in the Peninsula as the sixth (or seventh) International Brigade. USSR sent to Spain many officers and NCO, employed as military consultants and instructors, but in some occasions they served in combat roles. The Soviet presence in Spain was around 2.000 men in total, from which 351 were tank crews, 100 artillerymen, 772 aviators, 77 sailors, 352 instructors, consultants and other specialists. With the rank insignia of Lieutenant Colonel, this officer wears the regular 1936 Spanish uniform; note the badge of the major staff – a gilded five pointed star with oak leaves – on the headgear. The standard equipment for officers included an Astra pistol with dark brown leather belt with brass accessories.

3 – Sección Caballeria *Dabrowski*, 13th International Brigade; *Cabo*, maggio 1938.
Small in numbers, but present in five international brigades, the cavalry deployed was never more than one company, employed mainly for reconnaissance and escort duties. The 13th International Brigade was the only brigade to maintain a cavalry unit, formed with volunteers from East Europe - especially Poland and Hungary – until September 1938.

PLATE H: FLAGS

1 – The *Gastone Sozzi* centuria was part of the PSUC militia, named after the young communist from Cesena died by torture in a fascist jail. This flag was carried by the 3rd company's volunteers of *Garibaldi* battalion until the Spring 1937. The obverse was in red but without inscriptions. Approximate size cm. 90x120. (Sources: Archivio of the Ass. It. Combattenti Vol. Antifascisti di Spagna)

2 – This flag was a present for the *Thaelmann* centuria in Barcelona, October 22, 1936, after the bloody fights of Tardienta, where the unit

lost its colours. The new flag was given to the Nielsen brothers, three Danish volunteers, who travelled by bike from Denmark to Catalonia. Obverse in red without writings or symbols. Size cm. 105x125.
(Sources: Sebastià Herreros i Agüí: The International Brigades in the Spanish War 1936-1939: Flags and Symbols, Presentation to the 21st International Congress of Vexillology, York, England. July 26th, 2001)

3 – The international volunteers of *Durruti* column carried a flag based on the classic anarchist red and black pattern. Unique example among other confederal flags, this insignia carried hammer and sickle, possibly alluding to the various ideological provenance of the members. Most volunteers came from France, as is evident by the high number of GT-SR union members in the unit *Delegación*, but at least one never identified Italian ex colonel – known as *Pablo* – joined the staff in early 1937. Approximate size: cm. 160x70.
(Sources: CNT-AIT Archives of Camp de Morvedre; Sebastià Herreros i Agüí: The International Brigades in the Spanish War 1936-1939: Flags and Symbols, Presentation to the XIX International Congress of Vexillology, York, England. July 26th, 2001)

4 – This flag is mentioned in the records of some volunteers, who fought in the *Francisco Ascaso* column in the sector of Huesca, Aragon, since August 1936. Unknown size.
(Sources: P. Margheri and M. Puppini, Ricordi di combattenti della Guerra Civile Spagnola, in: Memorie di Spagna, october 2003)

5 – The black flag with skull and bones was yet another source of criticisms for this battalion, raised in August 1936, in Barcelona by Italian anarchists' exiles – who adopted uniform and symbology similar to the fascist ones. An explanation about these choices is that some unit's organizers came from Argentina, where the local anarchist movement adopted a particularly grim symbolism. Approximate size cm. 100x130.
(Sources: Sebastià Herreros i Agüí: The International Brigades in the Spanish War 1936-1939: Flags and Symbols, Presentation to the 21st International Congress of Vexillology, York, England. July 26th, 2001)

6 – The Garibaldi battalion received this flag in October 1936, when it was formed in Albacete and carried together with other insignias belonging to the early volunteers units, such as the *Gastone Sozzi*. At the early stages, several international units carried flags on red with symbols and writings inspired by the symbolism of the Third International. Approximate size cm. 100x140.
(Source: archive of the Associazione Italiana Combattenti Volontari Antifascisti di Spagna)

7 – From September 1937 the International Brigades carried new flags based on the republican tricolour, as standardized in the popular army. This flag was carried by the fourth battalion of the 13th International Brigade, following the regular army pattern; on the verse was reproduced the heraldic Spanish arm (7b). In some cases the three pointed star occupied the central position on the flag's verse, while on the obverse were carried writings like battalion's denomination and brigade's number. Approximate size cm. 85x150.
(Sources: Sebastià Herreros i Agüí: The International Brigades in the Spanish War 1936-1939: Flags and Symbols, Presentation to the 21st International Congress of Vexillology, York, England. July 26th, 2001)

8 – In September 1937 the citizens of Madrid made a present for Albacete base of guidons red-gold-purple with the city's arm and the three pointed star. Similar, but of minor size, other flags were presented for the company of each international battalion. The Jewish company in the Palafox battalion carried on both side the words 'for yours and ours freedom' in polish: *za waszą i naszą wolność* and in Yiddish: רעזדנוא ראָפֿ
.[ריד ןוא טייהיירפ]. Size cm. 50x110.

(Sources: Sebastià Herreros i Agüí: The International Brigades in the Spanish War 1936-1939: Flags and Symbols, Presentation to the XIX International Congress of Vexillology, York, England. July 26th, 2001; Germen Zaagsma: *Jewish volunteers in the Spanish Civil War: a case study of the Botwin Company*. London University)

◄ Albacete, otoño de 1936, Giuseppe Di Vittorio (segundo desde la izquierda), que usaba el nombre de batalla de Mario Nicoletti, fue el primer comisario político de la XI Brigada Internacional. Junto a él está Hans Kahle, jefe del Batallón Thaelmann y futuro comandante de la 45.ª División Internacional. El último personaje a la derecha es Vittorio Vidali, jefe de contrainteligencia interna, conocido como "Comandante Carlos". Di Vittorio fue uno de los primeros exponentes del Partido Comunista Italiano en llegar a España, participando activamente en la organización de Brigadas Internacionales con Luigi Longo y André Marty. Afincado en Francia en 1939, dirigió «La voce degli italiani», un periódico antifascista en el exilio. Arrestado en 1941, fue trasladado a Italia e internado en Ventotene.

► Un soldado del Batallón Lincoln, XV Brigada, en un dibujo del autor, en el invierno de 1937-38, protegido del frío con la característica manta de lana al estilo capote, una prenda particularmente apreciada y utilizada por muchos soldados de la Guerra Civil. El tejido oblicuo de la tela garantizaba una buena impermeabilidad y, a veces, especialmente cuando la temperatura caía por debajo del punto de congelación, se usaba sobre el abrigo.

▲ Disolución de una Brigada Internacional, Tortosa, 1938.

▼ Prisioneros estadounidenses liberados en Hendaya, en 1938. Fue el intercambio de 40 milicianos, a cambio de un número igual de aviadores italianos capturados por la República. La operación fue llevada a cabo por el embajador estadounidense C. C. Bowers.

EL FRENTE POPULAR DE MADRID AL FRENTE POPULAR DEL MUNDO

HOMENAJE A LAS BRIGADAS INTERNACIONALES

▲ Italianos enfrontados: El comunista italiano Giuseppe de Vittorio, un voluntario, habla en Radio España.

▼ Italianos enfrontados: Tanquetas CV-33 italianas del Corpo Truppe Volontarie mandado por Mussolini, durante la Batalla de Guadalajara, marzo de 1937.

▲ Decenas de voluntarios de las Brigadas Internacionales llegan en el barco Cervantes de Gijón a Pauillac, cerca de Burdeos, a finales de la guerra,

▼ Soldados republicanos atravesando la frontera francoespañola en los Pirineos, Marzo de 1938. (NAC Archive)

▲ Soldados republicanos españoles cruzando la frontera al exilio en Francia en un camión blanco 704S, con sus armas requisadas por los gendarmes, en frente de un garaje, Le Perthus, 8 de febrero de 1939. Después de que el Gobierno de Daladier decidiera abrir las fronteras francesas el 27 de enero, el día después de la caída de Barcelona, Le Perthus fue una de las fronteras de exilio más comunes en los Pirineos, junto con Junquera, Portbou, Cerbère y Bourg-Madame. En cuanto a los uniformes franceses, aunque en 1935 el Ejército francés había ya repartido uniformes de color caqui, algunos reservistas y unidades no combatientes todavía usaban el característico "horizon blue".

▼ Insignia del International Brigades Memorial Trust of Limerick (UK). (Colección de Luca Cristini)

BIBLIOGRAFÍA ESENCIAL

- GUERRA CIVIL:

M. ALPERT, A New International History of the Spanish Civil War, Basingstoke 2004.

A. BEEVOR, The Battle for Spain, the Spanish Civil War, London 2006.

B. BOLLOTEN, The Spanish Civil War. Revolution and Counterrevolution, Chapel Hill 1991.

E.H. CARR, The Comintern and the Spanish Civil War, New York 1984.

J.W. CORTADA (a cura di), Dictionary of the Spanish Civil War, 1936-1939, Westport 1982.

R. DE LA CIERVA, Historia de la guerra civil española, Madrid 1969.

R. DE LA CIERVA, Historia ilustrada de la guerra civil española, 2 voll., Barcelona 1970.

J. DIAZ, Tres anos de lucha, Paris 1969.

H. M : ENZENSBERGER, La breve estate dell'anarchia, 1936-37, Milano, 1997.

W. FOSS - C. GERAHTY, The Spanish Arena, London 1938.

G. HOWSON, Arms for Spain: The Untold Story of the Spanish Civil War, London 1998.

S. G. PAYNE, The Spanish Revolution, London 1970.

Idem, The Spanish Civil War, the Soviet Union, and Communism, London 2004.

P. PRESTON, Barricades against Fascism: The Popular Front in Europe, in: History Today, 36,1986.

Idem., La guerra civile spagnola, 1936-1939, Milano 1999.

P. PRESTON (a cura di), Revolution and War in Spain, London 1984.

L. RENN, Der Spanische Krieg, Berlin 1955

R. SALAS-LARRAZABAL, Los datos exactos de la guerra civil, Madrid 1980.

G. SORIA, Guerre et révolution en Espagne, Paris 1976.

H. THOMAS, The Spanish Civil War, London 2003.

-EJÉRCITO REPUBLICANO Y MILICIA POPULAR:

M. ACUILAR, El Ejército Espanol durante la II Repùblica, Madrid 1986.

M. ALPERT, El Ejército Republicano en la Guerra Civil, Madrid 1989.

J.M. BUENO-CARRERAS, Uniformes militares en color de la Guerra Civil Espanola, Madrid 1997.

C. ENGEL, Historia de las Brigadas Mixtas del Ejército Popular de la Repùblica, Madrid 1999.

J. A. BLANCO RODRIGUEZ, El Quinto Regimiento en la politica militar del PCE en la Guerra Civil, UNED, Madrid 1993.

R. LIÓN - J. SILVELA - A. BELLINDO, La caballerìa en la Guerra Civil, Valladolid 1999.

R. SALAS-LARRAZABAL, Historia del Ejército Popular de la Republica, 4 voll. Madrid 1973.

C. ZARAGOZA, Ejército popular y militares de la Republica (1936-1939), Barcelona, 1983.

- VOLUNTARIOS INTERNACIONALES:

AA.VV.: Interbrigadisten: Der Kampf deutscher Kommunisten und anderer Antifaschisten in national-revolutionaren Krieg des spanischen Volkes 1936 bis 1939, Dresden 1966.

AA.VV.: Le Brigate Internazionali: la solidarietà dei popoli con la Repubblica spagnola, Milano 1976.

AA.VV.: Gli antifascisti lombardi alla guerra di Spagna (1936-1939); Milano, Palazzo Marino 7 novembre 1976, Varese 1977.

W. ADRIAENS, Vrijwilligers voor der vrijheid; de belgische anti-fascisten in de Spanse burgeroorlog, Louvain 1978.

L. AGUILERA DURAN, Orìgenes de las Brigadas Internacionales, Madrid 1974.

S. AJZNER, Pienvsi Polscy uczestnicy wojny domowej w hiszpanii, 'Kwartalnik Historyczny', 92 (4), Warszawa 1985.

S. ÀLVAREZ, Historìa polìtica y militar de las Brigadas Internacionales, Madrid 1996.

J. ÀLVAREZ DEL VAYO, Freedom's Battle, New York 1940.

L. ARBIZZANI, Antifascisti emiliani e romagnoli in Spagna e nella Resistenza: i volontari della Repubblica di San Marino, Milano 1980.

A. BALDINI - P. PALMA, Gli antifascisti italiani in America; 'la Legione' nel carteggio di Pacciardi con altri. Firenze 1990.

G. BAUMANN: Los Voluntarios Latinoamericanos en la Guerra Civil Española, Cuenca, 2009.

A. BENSALEM, Los voluntarios arabes en las Brigadas Internacionales: Espana, 1936-1939, Revista Int. de Sociologia, 46 (4), Madrid 1988.

D. BERRY, French Anarchist Volunteers in Spain 1936-39; Contribution to a Col. Biography of the French Anarchist Mov; App. 3; Paris, 2003.

V. BROME, The International Brigades: Spain, 1936-1939, New York 1966.

M. BRON (a cura di), Polacy w wojnie Hiszpariskiej, Wojskowy Instytut Historyczny, Warzawa 1963.

N. CAPPONI, I legionari rossi; le Brigate Internazionali nella guerra civile spagnola (1936-1939), Roma 2000.

R. DE LA CIERVA, Brigadas Internacionales, 1936-1939, La verdadera historia, Toledo 1997.

D.D. COLLUM (a cura di), African Americans in the Spanish Civil War, New York 1992.

V. DE CURREA-LUGO, America Latina y la Guerra Civil Española, Bogota, 2003.

R. DAN RICHARDSON, Comintern Army: The International Brigades and the Spanish Civil War, Lexington 1982.

J. DELPERRIE DE BAYAC, Las Brigadas Internacionales, Madrid 1980.

M. DERBY, 'Kiwi Companeros', New Zealand and the Spanish Civil War, Christchurch 2009.

D. DIAMANT, Combattants juifs dans l'armée républicaine espagnole, Paris 1979.

A. DURGAN, Freedom Fighters or Comintern Army? The International Brigade in Spain; International Socialism Journal, XI,1999.

Idem, International Volunteers in the POUM Militias, Fundación Andreu Nin, IX 2004.

A EISNER: La 12ª Brigada Internaciónal. Valencia, 1972

K. FINKER, Aufgaben und Rolle des Roten Frontkampferbundes in den Klassenschlachten der Weimarer Rep., in Mil., 13 (2). 1974.

R. FRANCESCOTTI, Sotto il sole di Spagna: Antifascisti trentini nelle brigate internazionali, Trento 1977.

H. FRANCIS, Miners against Fascism. Wales and the Spanish Civil War, London 1984.

H. FRANCIS, Welsh Miners in the Spanish Civil War, Journal of Contemporary History, 5 (3), 1970.

M. GARCIA VENERO, Historia de los Internaciónales en España, Madrid 1957.

J. GERASSI, Jewish Veterans in the Abraham Lincoln Brigade, New York 1983.

R. GLESS - P. KOLMSEE - B. KOPETZ, Zur Geschichte des Inter. Sanitätsdienstes (SSI) in Spanien 1936-39, Mil., 15, 1976.

V. GUARNER, Cataluna en la Guerra de España, Madrid, 1975.

A. GUTTMAN, The Wound in the Heart: America and the Spanish Civil War, New York 1962.

J. GYORKEI, A spanyolorszagi nemzetkòzi brigadok egészségugyi szolgalata, in Hadtòrténelmi Kòzlemények, 33 (4), 1986.

P. HUBER, Die Schweizer Spanierfreiwilligen, Zürich 2009.

M. W. JACKSON, Fallen Sparrows. The International Brigades in the Spanish Civil War, Philadelphia 1994.

R. JÄNTSCH, Die militarischen Formationen deutscher Interbrigadisten in Spanien: Militärgeschichte, 15 (3), 1976.

S. HERREROS AGÜÍ, The International Brigades in the Spanish War, 1936-1939: Flags and Symbols, Barcelona, 2003.

V. HOWARD, The Mackenzie-Papineau Battallion. The Canadian Contingent in the Spanish Civil War, Ottawa 1986.

V.B. JOHNSTON, Legions of Babel: The International Brigades in the Spanish Civil War, Harrisbourg, 1967.

C. JØRGENSEN, Danske frivillige i den spanske borgerkrig, in: Arbejderhistorie, (32), 1989.

K. KACZMAREK, Karol Swierczewski-Walter, Militärgeschichte, 12 (5), 1973.

A. KANTOROWICZ., Tschapaiev: Das Battalion der 21 Nationen, Berlin 1956.

I. KEPES (a cura di), Magyar Önketesek a spanyol nep Szabadsagharcaban, 1936-1939, Budapest 1987.

R. KOLAROV, La Sanidad en las Brigadas Internacionales, La Mancha, 2006.

A.G. KRYMOV, Manfred Shtern - General Kléber, Narody Azii i Afriki, (1), 1978.

A. LANDIS, The Abraham Lincoln Brigade, New York 1967.

L. LINDBAECK, Internationelle Brigaden, Stockholm 1939.

A. LOPEZ, La Centuria Gastone Sozzi, Quaderno AICVAS nº 4, 1984. Idem, La Colonna Italiana, Quaderno AICVAS nº 5, 1985. Idem, Il Battaglione Garibaldi, cronologia, Quaderno AICVAS nº 7, 1990.

A. LUSTIGER, German and Austrian Jews in the International Brigade, in Leo Boek Institute, Year Book; 35, 1990.

M. MOMRYK, Ukrainian Volunteers from Canada in the Int. Brigades, Spain, 1936-39: Journal of Ukrainian Studies,16 (1-2) 1991.

D. NELLES, 'The Foreign Legion of the Revolution'. German Anarcho-Syndicalist and Volunteers in Anarchist Militias during the S.C.W. 1997.

C.A. NORMAN, The International Brigades in the Spanish Civil War, in Tradition», 66-67, 1972.

M. O' RIORDAN, The Connolly Column, Wales 2005.

N. PALMER (a cura di), Australians in Spain, Sidney 1948.

D.W. PIKE, Les français et la guerre d'Espagne, 1936-1939, Paris 1975.

M. REQUENA GALLEGO (a cura di), La Guerra Civil Española y las Brigadas Internacionales, La Mancha 1998.

W. RUST, Britons in Spain: the History of the British Battalion of the XV International Brigade, London 1939.

R. SKOUTELSKY, André Marty et les Brigades internationales, in Cahiers d'Histoire, 67 (2), 1997.

J. SOMMERFIELD, Volunteer in Spain, New York 1937.

B.STEFF Antifascisti di Trieste, dell'Istria, dell'Isontino e del Friuli in Spagna, a cura Associazione italiana combattenti volontari antifascisti in Spagna, Trieste 1974.

R. VAN DOORSLADER, Les volontaires gantois pour les Brigades Internationales en Espagne motivation du volontariat pour un conflit politico-militaire, Cahiers d'Histoire de la Seconde Guerre Mondiale, 6, 1980.

C. VIDAL, Las Brigadas internacionales, Madrid 1998.

P. WYDEN: La guerra apasionada. Las brigadas internacionales en la guerra civil española. Barcelona, 1997.

- MEMORALÍSTICA Y OTRAS FUENTES DIRECTAS:

AA.VV.: 'Soldiers Return': Letter from an American Fighters in the Durruti Column, New York, 1937, in www.libcom.org

A. BESSIE (a cura di), The Heart of Spain, Veterans of the Abraham Lincoln Brigade, New York 1952.

A. BESSIE, Men in Battle, Scribner's Son, New York 19753.

A. BESSIE - A. PRAGO (a cura di), Our Fight: Writings by Veterans of the Abraham Lincoln Brigade, Monthly Review Press, New York 1987.

G. CALANDRONE, La Spagna brucia; cronache garibaldine, Roma 1974.

J. COOK, Apprentices of Freedom; London 1979.

V. CUNNINGHAM (a cura di), Spanish Front, Writers on the Civil War, Oxford 1986.

L. GALLO (Luigi Longo), Un anno di guerra in Spagna, Parigi 1938.

S. FEDELE, I repubblicani in esilio nella lotta contro il fascismo, Firenze 1990.

M. FELDMAN, Mi guerra de España; testimonio de una volontaria al mando de una columna del POUM, Barcelona 2003.

F. GRIMALDI, P. D'ORAZIO (a cura di), Memorie di una guerra civile, la Spagna del 1936 nelle voci dei testimoni, Roma 2003.

C. HALL, "Disciplinas Camaradas", Four English Volunteers in Spain, 1936-39, Upton 1994.

J. HOPKINS, Into The Heart of the Fire. The British in the Spanish Civil War, Stanford 1998, 270-271.

L. HUGHES, I Wonder as I Wander: An Autobiographical Journey, New York 1956.

J. HUMBERT-DROZ, Mémoires, Neuchàtel 1969-1972.

P.J. JAFFE, Rise and Fall of American Communism, New York 1975.

T. JEREMIC, Studenti Beogradskog univerziteta i jugoslavenski interbrigadisti u francuskim logorima, Istorijski Glasnik, 1-2, 1981.

D. LAJOLO, Il 'voltagabbana', Roma, 2005.

L. LONGO - C. SALINARI, Dal socialfascismo alla guerra di Spagna. Ricordi e riflessioni di un militante comunista, Milano 1977.

I. MACDOUGALL (a cura di), Voices from the S.C.W. Personal Recollections of Scottish Volounteers in Republican Spain, 1936-39, Edinburgh 1986.

P. MARGHERI e M. PUPPINI (a cura di), Ricordi di combattenti della Guerra Civile Spagnola, in: Memorie di Spagna, Associazione

Italiana Combattenti e Volontari Antifascisti di Spagna, X-2003.

J. McGOVERN, Terror in Spain. How the Communist International has destroyed Working Class Unity, Undermined thè Fighi Against Franco, and Suppresses the Social Revolution, Independent Labour Party, London 1937.

R. MALINOVSKI (a cura di), Bajo la bandera de la España republicana, Moskva 1967.

M. MERRIMAN - W. LERUDE, American Commander in Spain; R. Hale Merriman and the A. Lincoln Brigade, Reno 1986.

P. NENNI, Spagna, Milano 1976.

F. F. NITTI, Il maggiore è un rosso, Milano 1953.

G. ORWELL, Homage to Catalonia, London 1938.

R. PACCIARDI, Il Battaglione Garibaldi, Roma, 1945.

G. PAJETTA, Ricordi di Spagna. Diano 1937-1939, Roma 1977.

G. PESCE, un garibaldino in Spagna, Bologna 1955.

Idem, La Spagna nel nostro cuore, 1936-1939, tre anni di storia da non dimenticare, Milano 1996

C. PENCHIENATI, Brigate Internazionali in Spagna, Milano 1950.

P. RAMELLA, Francesco Fausto Nitti, l'uomo che beffò Hitler e Mussolini, in: Il Triangolo Rosso, n° 2/3, 2004.

Idem, I 'diversi' e la guerra di Spagna: la partecipazione di ebrei, neri e omosessuali alla guerra di Spagna, in: L'Impegno, n° 3, 2001

Idem, La guerra di Spagna sui fronti meridionali: brani inediti del diario di Aldo Morandi, in: L'Impegno, n° 1, 2005

H. ROMERSTEIN, Heroic Victims: Stalin's Foreign Legion in the Spanish Civil War, Washington (DC) 1994.

G. SACERDOTI-MARIANI - A. COLOMBO - A. PASINATO, La Guerra Civile Spagnola tra politica e letteratura, Firenze 1995.

I. TAGLIAFERRI, Il colonnello anarchico, Emilio Canzi e la guerra civile spagnola, Piacenza, 2005.

L. ZOCCHI (a cura di), Perché andammo in Spagna. Scritti di militanti antifascisti 1936-1939, Roma 1966.

- OPERACIONES MILITARES:

R. COLODNY, The Struggle for Madrid: The Central Epic of the Spanish Conflict, 1936-1939, New York 1958.

O. CONFORTI, Guadalajara. La prima sconfitta del fascismo, Mursia, Milano 1967.

A. CORDÓN, Trayectoria, Ebro, Paris 1971.

J. COVERDALE, The Battle of Guadalajara, 8-22 of March 1937, Journal of Contemporary History, 9 (1), 1974.

G. COX, The Defence of Madrid, London 1937. (2006).

J. HENRIQUEZ CAUBIN, La batalla del Ebro, Mexico 1944.

H. KLOTZ, Les leçons militaires de la guerre civile en Espagne, Paris l937.

J. M. MARRILL, La doctrine militaire française entre les deux guerres, Revue Historique des Armées, 1991 (3).

J. M. MARTINEZ-BLANDE, La batalla del Ebro, Madrid 1988.

◄ El último desfile de las Brigadas Internacionales por las calles de Barcelona en octubre de 1938, último acto de la presencia de estos soldados en la Guerra Civil. *(Del libro "Alerta los pueblos" de Vicente Rojo.)*

TITOLI PUBBLICATI - ALREADY PUBLISHING

WWW.SOLDIERSHOP.COM   WWW.BOOKMOON.COM

www.ingramcontent.com/pod-product-compliance
Lightning Source LLC
Chambersburg PA
CBHW041151120626
46547CB00020B/3180